JN418733

시인 이창호

세상에서 가장 빛나는 거울

시인 이창호/ 李昌鎬
전북 정읍 출생
서울사대 국어교육과 졸업
고려대학교 대학원 국어학 전공
현 삼육대학교 조교수

2007년『시와시학』으로 등단

E-mail: lch8459@syu.ac.kr

세상에서 가장 빛나는 거울

지은이 | 이창호
펴낸이 | 설보혜
펴낸곳 | Poetics 시학
1판1쇄 | 2009년 12월 25일
출판등록 | 2003년 4월 3일
주소 | 서울 종로구 명륜동1가 42
전화 | 744-0110
FAX | 3672-2674

값 8,000원

ISBN 978-89-91914-81-0 03810

이창호 시집

세상에서 가장 빛나는 거울

Poetics 시학

■ 시인의 말

시가 없는 만해선사를
우리는 생각할 수 없다.

독립운동가로서 불교사상가로서보다 시인으로서 그의 생명이
더 긴 것을 볼 때 예술의 영원성을 생각하게 된다.

일리아드를 구술하는 호머나
리라lyre의 선율에 얹어 시편을 노래하는 다윗은
여간 행복한 존재가 아니다.
사람의 즐거움이나 슬픔 속에 들어가
그 깊이를 들여다보는 일은
인간에 대한 새로운 깨침이나 발견에 다름 아니다.

늦게야 운석서실韻夕書室에 드나들며
시를 공부하고 시 창작의 기쁨을 맛보게 된 점
결코 작은 행운이 아니다.

지도하시고 도와주신 여기 모든 분들과 기쁨을 나누고 싶다.

2009 서설이 내리는 때
이창호

차 례

■ 시인의 말

■ 작품 해설 | 김재홍

제1부 인체 탐구

한 글자, 네 글자 이름

삶의 무게 · 등 15

미라 소년을 위한 발라드 · 살 17

가장 비천한 자의 노래 · 발 18

욕망의 벗 · 손 19

빛이여, 이제 너와는 영원한 결별이다 · 눈 20

영혼의 디자이너 · 귀 22

상아 망루 · 코 23

두 길 문 · 입 24

목숨의 실크로드 · 목 25

그것 크게 한번 뽐내어 보소 · 턱 27

춤추는 별 · 팔 29

선무공신 위 장군을 조상하다 · 위 1 31

단 한 번만이라도 · 위 2 33

나의 보물창고 · 간 34

자진모리 농부가 · 작은창자 35

목숨의 두 길 사이에서 · 후두덮개 37

웨이브퍼머 텍스처퍼머 · 머리카락 39

제2부 인체 탐구

두 글자, 세 글자 이름

세상에서 가장 빛나는 거울 · 얼굴 43

슬픈 유적 · 배꼽 45

셰에라자드의 춤 · 허리 46

새벽빛 향하여 · 이마 48

가방 멘 사자 보았는가 · 어깨 49

충청골, 소백마루 다 지나 · 고개 51

목숨의 싸움이 시작되다 · 다리 53

앵두꽃잎 편지 · 입술 55

태양길 따라 · 심장 57

비천飛天의 꿈 · 허파 58

시상 아무리 좋아졌다 혀도 · 췌장 59

손등에 흐르는 강 · 손등 61

운명을 팝니다 · 손금 62

낮은 곳에 임하소서 · 손바닥 64

어떤 해후 · 볼우물 66

네 몸뚱이 하나 거기 내려놓아라 · 엉덩이 68

침향沈香 · 눈꺼풀 69

그 가슴 그 곁에 · 갈비뼈 71

이번엔 좀 아프실 겁니다 · 어금니 72
이월도 중춘이라 봄비 오는 절기일레 · 큰창자 74

제3부 『성서』 속 서정

그분께 욕이 되지 않을까요 · 룻 79
사슴 눈망울 · 노아 1 81
유목遊牧의 꿈 · 아브라함 83
고난의 비밀 · 욥 84
유형流刑의 땅에서 · 노아 2 86
눈물 심장 하나 더 · 요셉 88
라헬의 태양 · 야곱 90
영원의 빛 · 마태 91
그날 그 웅장한 아쿠아리움 · 모세 93
실로암못 · 한 소경 95
일곱 번 내려가 씻으라고? · 나아만 장군 96
에덴의 동편 · 아담 98
모진 말 함부로 하지 마라 · 대제사장 가야바 99
슬픈 추락 · 이브 101
준비된 양 · 이삭 102

제4부 자연과의 교감

꽃다지 105
푸른 신전 106
한해 사이로 난 길 107
선재도의 꿈 108
빨간 비밀 109
타래 인연 110
능내리 그 여름 111
바래봉 철쭉의 노래 112
꽃등불 113
오월 천관天冠 114
호수의 빛 116
청산별사 118
조계산 물소리 끊어지고 121
서석대瑞石臺 기원 122
전라도 눈길 124
강바람 들바람 126

제1부

인체 탐구

한 글자, 네 글자 이름

삶의 무게
— 인체 탐구 1 · 등

물줄기 내리친다
시퍼렇게 내리친다
그래 그것이 시원해야 더위도 가라앉는 법
그 판판한 것이 따스워야 배도 부르나니
누구 그것 없이 지내는 이 보았는가
허파나 간이야 더러 잘라 내고 무너져도
그것 떼어 낸 사람 있지 않느니

혹시 눈 없다고 손가락질 마라
손댈 수 없는, 쉬 무너뜨릴 수 없는
한생이 빚어 놓은 인고의 탑
제 삶의 무게를 층층이 지고 사는 곳
두려움도 그 골로 나고 오고
시련도 그 살로 비롯되나니
그곳은 한 인물의 위엄이 높이 자리하는 곳

홀연 돌아서는 그의 그것이 얼마나 안타깝고
때로 허망한 슬픔이던가

앞은 그저 허식일 수 있으나
뒤는 어떻게 꾸밀 수 없으니
그것은 누구에게나 숨김없는 진실인 것을
그것을 뒤에 젊은 감감한 삶과의 이별인 것을

미라 소년을 위한 발라드
— 인체 탐구 2 · 살

투탕카멘의 황금마스크 아니어도
파평윤씨 집 천년 미라 소년이 누워 있다
어디 한번 까딱여 보려무나 네 손가락
얼마 세월 후에나 정말 눈 번쩍 치켜뜨며
엄마! 하며 일어나 부를 날 있을까

꽃피어나는 애교 속에 입맞춤과 포옹의 날카롭고 부드러운 감촉, 걷고 뛰며 달리며 팽팽했을 그것, 아니면 소년 왕처럼 금은보석으로 치장하고 온갖 소리, 맛, 향에 취하며 때로 그의 제국을 호령하던 분노의 핏발, 눈빛 험하게 요동쳤을 그것, 사람마다 그것 위해 늘 입 열고 또 세상거울 앞에 단장하나니 '살' 이 있어 세상 모든 목숨들 '살다' 라고 말하는 것 아닌가

그러나
이젠 그것 다 어디 두고
한 점 마른 북어로 쓰러져 있는 네 모습인가
영원한 미라 소년이여

가장 비천한 자의 노래
— 인체 탐구 3 · 발

나는 참으로 비천합니다
집 안에서 가장 낮은 행랑채에 거합니다
나는 주인의 명령이 힘들지만 반갑습니다
주인이 말씀하시면 나는 곧장 일어나 걷습니다
나의 행동에 주인은 미더워 콧노래를 부르시지요

나는 고귀하게 걸음을 옮깁니다
거친 산이나 뜨거운 모래밭
눈보라 혹독한 북극 남극을
나는 걷고 걸으며 늘 자취를 남깁니다
나로 인해 새로운 길이 나고 지도가 그려집니다
달에도 화성에도 거꾸로 걸어가 점을 찍습니다

나는 항상 주인에게 순종합니다
스무남은 나의 뼛조각, 신비로운 나의 운송력
허나 나를 칠십 킬로 화물의 짐꾼으로만 여기진 마십시오
무대 위, 혹 그라운드 위 내 주인에겐
눈물로 새긴 최고의 걸작이기 때문입니다

욕망의 벗
— 인체 탐구 4 · 손

너는 시간도 잊은 채 무얼 그리 매만지고 있는가
높이 흔들리는 이마, 맺히는 땀방울
금金으로 변한다 한 줄기 미소 번진다

잠자리 날개옷의 하이힐이 금빛 벤츠 내려서고
싱싱한 도미찜에 붉은 루즈 묻어 배면
카푸치노 향 국화문菊花紋 위로 미뉴엣이 감돈다

이백억이면 한번 태워 주는
뚝딱뚝딱 우주선 만들어 날리는 너의 꿈이여

그 꿈틀거리는 욕망
파내고 두드리고 붙잡고 휘젓고 싸움은
누구의 재능, 누구의 힘 벗 삼음인가
그 불길처럼 쥐었다 펴 빚어내는
너의 재능의 끝은 과연 어디인가

빛이여, 이제 너와는 영원한 결별이다
— 오이디푸스 왕은 오늘도 외친다
— 인체 탐구 5 · 눈

어둠이여, 네 짙음으로 내 앞을 가려 다오
이 저주스럽고 흉물스런 둥근 태양을
날카로운 것으로 찔러 내던졌어도
너는 독뱀처럼 이리저리 휘둘러보느냐

네가 보고 있는 것은 아름다움이냐 왕의 옥좌냐 무엇보다 너는 태중에서부터 특출하여 큰 호사 기약하더니 온갖 보호 속에 보배로운 지식 풍족한 즐거움 향유하더니 그러나 네가 안내하던 아름다움과 권력의 자리는 심히 헛된 것, 음욕이나 욕정으로 영혼을 뒤흔들어 불사르게 하던 어지러운 허깨비, 애초에 네가 너의 밝음으로 모든 것의 뒤를 꿰뚫어 보았더라면 저 예언자 테이레시아스처럼 사람의 앞날을 내다보고 욕망과 살인으로부터 자유로울 수 있었을 것을…… 그러니 어느 누구도 세계가 아름답다고 더구나 좋았다고는 가르치지 마라 빛이 찬란한 세상 있다는 상상 맹인에게 일으키지 마라

오히려 볼 수 없는 몸, 감촉만으로 마음의 눈빛으로
붉은 장미의 여름, 금관의 가을빛 볼 수 있으리니
바람과 햇살, 들 향기, 시냇물 소리로 꽃 소식 들을 수 있으리니
빛이여 어둠이여, 이제는 나를 놓아 다오
어둠으로 나의 벗이 되게 하고
그 쓰라린 죄와 벌로 나를 단근질하게 하라

영혼의 디자이너

— 인체 탐구 6 · 귀

검은 해안 거기
마음 절벽 두드리는 '운명' 듣는다
금빛 꾀꼬리 조수미 아리아 자지러지면
넘치는 소리 물결 내 몸 안에 밀려드는데

그런데 만약 그런데 정말 너 없다면
아름다운 소리, 글 읽는 정겨움도 없으리니
사람마다 풋풋한 사랑 어찌 속삭이며
목숨 같은 약속을 기억에 담아 둘 수 있으랴

내 삶의 살뜰한 맛, 나의 '나' 됨이
귀를 거쳐 들어 순금처럼 보관되어 있나니

지금도 내 적이 너의 문 열어 두고 애태움은
한 가닥 깨달음, 슬픔의 파문 엮어
영혼의 내면 하늘처럼 바다처럼
높게 깊게 디자인하고자 함 아니런가

상아 망루

— 인체 탐구 7 · 코

아가의 숨결 속에 스미는
고요한
살 내음

온갖 과일 향, 목질 향
안식향 들고 나는
뺨 언덕에 우뚝 솟은
목숨의 상아 망루여

두 길 문

— 인체 탐구 8 · 입

형체 있는 것 들고
형체 없는 것 나는 곳

괴이한 거짓 섬뜩한 비방 술술 풀어내는 곳

오, 목숨의 중앙 문
진수성찬 진귀한 공물이 들어갔으면
옥구슬 구르는 파아란 소리나
풍악 울려 퍼짐이 좋으련만……

네 어린 시절
맛난 젖 향기로운 과일 쏘옥 넣어 주던
그 언저리이건만
어느 사이, 너
남모르게 독니 커다랗게 키워
비난과 살의, 탐욕의 불꽃
물고 서 있는가

목숨의 실크로드
— 인체 탐구 9 · 목

이 목 저 목, 장터목에
먹을거리 입을 거리 많은 장식거리
솜씨 좋은 물목들이 빙빙
거기 필요한 맞바꿈이
계절 따라 바람 따라 이루어진다

거친 사람들 들숨과 날숨 사이
분노와 슬픔이 차오르고
흥겨운 소리마당 웃음판에
장돌뱅이 목울대 한번 길게 뽑아내는

왕후의 진주 금목걸이
하얀 덜미 그 비밀의 안쪽
세상 어느 것과도 바꿀 수 없는
소중한 숨결 소리 없이 오가는
목숨의 가파른 여울목

거칠고 먼 세상

도둑에게 질병의 사자에게 늘 붙잡히기 쉬운
이 좁고 위험한 생生의 실크로드
그 금빛 무역 길이 오늘 내게 말하는 바 무엇인가요

그것 크게 한번 뽐내어 보소
— 인체 탐구 10 · 턱

아이고, 저 목숨 벼랑 높기도 하지?
　어떤 장수가 올라갈 수나 있을까
말 마소, 위험한 노루목 지나와서 저기 넘어서지 못하면
　멋진 세상 풍광 구경할 수가 없다네

이 도령이나 춘향이나
　넓거나 둥근 그것이 거기서 떠억 받쳐 주니까
씩씩하고 위엄 있는 저 영광이 살지
　방긋 웃는 저 얼굴이 일색一色이 되는 게지

산에도 마루턱, 문門에 길에도 그 턱, 턱
　이사하는 데 그 턱, 상賞 받는 데 그 턱
사람이면 넘어야 할 그 많은 턱마루들을
　만약 그것 피해 아무런 '턱도 없이' 지나간다면
장부의 호쾌한 면목 어찌 바로 서겠는가

하회河回탈 할아비 턱은 왜 달랑달랑 우스갯거리가

되는지
세상의 일이야 생긴 대로 살아간다지만
그대 그것 더 높이고 수염 덮어 크게 한번 뽐내어 보소
뭇사람 중에 인물풍채 신언서판이 확— 달라질 터
이니

춤추는 별
— 인체 탐구 11 · 팔

*— 그대 '하늘극장'*에 가 보았소? '하늘극장' 은 하늘이 무대라오. 마당 모깃불 매캐한 내음 속에 동네 사람들 팥칼국수 그릇씩들 다 비우고 거기 맷방석 위에 앉고 눕고 기대어 높은 하늘 올려다보것다.*

검푸른 하늘
바람이 일고 구름이 흐르는가
빛나는 사설辭說
반짝이다 다시금 가려지고

신나고 흥겨울사
고수의 추임새 그것 높이
허공을 휘젓는데

저 하늘 위 만세지략 춘향모가 당사치맛귀 한편에 추켜잡고 버선발 사뿐사뿐 큰 엉덩이 흔들흔들 세상 사람들 불러 부채 쥔 손 그것 길게 뻗어 홍 가득 지혜 가득 우르르르 쏟아 내며 아들 대신 딸을 낳고 변심 말고 수절하고 큰 아파트보다 사람 마음 얻기 당부할 제

---

* 하늘극장: 국립극장 안의 야외 노천극장.

좌중의 웃음이 잘잘잘— 흘러간 진양조 눈물일랑 다
손등으로 닦아지는 옛이야기가 되고

아먼, 그렇고말고
세상사 서러운 울음 같고
어두운 길마냥 답답할지라도
하늘 저 여울
귀신 울리던 저 노래별들의 소리가락
내 마음모퉁이 늘 팔 높이 들어
그 반짝이는 별빛 성큼성큼 함께 춤추어 가리라

선무공신 위 장군을 조상하다
— 인체 탐구 12 · 위 1

세상에 너만한 충복 또 어디 있단 말인가
하늘에 해 하나 달 하나 내 의지하던 바 위 장군 그대뿐이더니
궁핍하던 시절 주린 배 우는 배 움켜잡고
소화력 청룡언월도 삼고 작은 식도 포졸들로 앞장세워
전국 방방곡곡 아니 세계 밖까지 누비며
크고 작은 뭇 상대들 보란 듯이 복종케 하더니만
먼 바다 다랑어 상어 악어며 갯바다 백합 굴 대게
그리고 산중의 송이 산삼 웅담에 녹혈
들녘의 한우 꽃등심에 보들보들 삼겹살 모두 다 복속시키더니만
어느 날 그래 뜬금없이 붉은 상처 속 용종인가 뭣인가
붉은 덩어리 이렇게 열꽃을 피우며 네게 대항할 줄이야
네 속에서 이렇게 반역하여 일어설 줄이야
아무리 대적은 내 안에 있다고 말들 하지만
네 잡아 온 식물들을 함께 나누던 자에게 이렇게 무

참히 당할 줄이야

바로 내 안에 있는 너, 너의 소리 없는 고초

상처 딱지 지는 아픔을 내 그리도 몰랐던가

그 쓰러짐이 너무도 무력하고 그 눈감음이 너무 비통하도다

충직강의 용맹무쌍 선무공신 대광보신 숭록대부 대덕 위 장군이여

어둠 깜깜한 주검 앞에 한 가닥 연기만 나풀거릴 뿐이니

오호 애재 오호 통재라

단 한 번만이라도

— 인체 탐구 13 · 위 2

빨강 노랑 초록 자주
색깔 좋고 맛 향 나는 것들
얼마나 산을 이루고 강을 이루어
내 안을 훑어갔을까
십 년도 길건만
그 네 곱절 다섯 곱절을
레미콘 몇백 몇천 대분分이나 될까

그래요, 당신의 영혼 쓰러져 잠들어 있을 때
저 땅끝 깊은 지하갱도 속에서
스미는 달빛 아래 주물럭주물럭
알고 보면 지척의 거리 그 아래서 혼자 밤 지새우며
오물락조물락 쥐락펴락하면서

단 한 번 단 한 번만이라도
사랑한다, 고맙다
사알짝 내 귀에 속삭여 줄 수 없나요

나의 보물창고
— 인체 탐구 14 · 간

결코 안 되지, 안 되고말고
독수리 날카로운 발톱 앞에 빼앗겨서는
또 용왕님이 원한다고 쉬 내놓아서는
혹 날 낳아 준 부모님이라면 몰라도
정말 아무에게 나누어 줄 수도 없는
소중한 생약 덩어리
내 안의 보물창고,
내 최후의 재산인 것을

가슴속 깊이 네 든든히 자리 잡고 있으면
내 힘 내 용기 한껏 하늘 가운데 솟고
세상의 무서운 것들 다 발아래 무릎 꿇지 않느냐
한 생애 힘 좋게 살아 볼 배짱이 일어나는 곳
우리 함께 오래오래 살아 보자꾸나
내 안의
가장 은밀한 곳 보물창고야

자진모리 농부가

— 인체 탐구 15 · 작은창자

여보시오 벗님네들 내 말 좀 들어 보시오
아— 나 벗님네 말 들으시오
대장부 빛난 위세 항우장사 저 뱃살 보는가
뱃구리 튼튼해야 큰 힘 거기 나오잖는가

이 일 저 일 중하다 하나 우리 일이 근본이라
우리 비록 고생해도 열심히 일들 하면
부모처자 잘 봉양하고 몸 성히 호강하니
이 아니 천복天福이런가

가세 가세 구절양장 삼십 린가 육십 린가
왼쪽으로 구불구불 오른쪽으로 꼬부랑꼬부랑
급한 고개 험한 고개 아랫길 내려가다
가운뎃길 왔다 갔다 직장直腸 그 앞길서 다시 돌고

먼 나그네길 다시 에돌 적에 좋은 영양분
한 톨 놓치지 마세 일할 일꾼 더 청해 보세
에헤로 에헤로 얼럴럴 상사뒤여

에헤로 에헤로 얼럴럴 상사뒤여

여보시오 벗님네들 내 말 들어 보시오
아— 나 벗님네 말 들으시오
자주 쓰면 지력地力도 쇠하는 법 하루 네 번은 힘드나니
어둡고 험한 길 너무 자주는 가라 마오
에헤로 에헤로 얼럴럴 상사뒤여
상사— 뒤— 여— 상사— 뒤— 여—

목숨의 두 길 사이에서
— 인체 탐구 16 · 후두덮개

아세요?
행여 잘못 여닫을까
파르르 떠는
어둠 속 살 한 점의 비밀을

흔들리는 목숨의 두 길 사이에서 뭉툭한 것 들어오면 순간 셔터 내리고 허허로이 허전하면 다시 올려드는, 아무도 모르는 이 어둡고 은밀한 삶의 노역장, 소리 없는 평생의 이 노동 이 수고 당신은 아세요?

당신이 깊은 고뇌로 또 분노로 헉헉거릴 때, 즐거움에 깔깔대고 소리 높여 노래 부를 때, 텁텁한 오솔길 가다 가다 침 내려 삼킬 때, 오르내리는 가슴 숨결 작은 음식상 청할 때, 밥길 열고 숨길 닫으며 목젖 저 아래 그 외로운 어둠 빛 길목에서 한 치의 착오 없이, 한 번의 실수 없이 열었다 다시 닫고 닫았다 다시 열며, 동트는 산마루에서 해 지는 바닷가까지 하루에도 고달픈 그 긴 길 혼자 걷는다

숨길 따라 밥길 따라 갈마드는 두 목숨 길
가쁘게 바쁘게 저울질하며 소리 없이 움직이는
당신의 가녀린 한 몸종
가장 소중한 곳 침묵으로 놓인
저 아스라한 목숨의 철길 변환기變換機

웨이브퍼머 텍스처퍼머
— 인체 탐구 17 · 머리카락

그것은 이 세상 가난한 자 부귀한 자 똑같이 주어진 자기 멋의 가장 소담한 텃밭, 아름다움의 비엔날레. 그것이 끝없이 자라거나 그것을 일삼아 꾸미는 짐승은 사람 말고는 없다

무얼 더 얹어 줄까
떨잠*에 금빛 공작, 칠보화관 씌워 줄까
이마 위 그 높고 고귀한 자리
어여머리 큰머리로 인해
구중궁궐 너른 네 낯이 흔들흔들

아니면 맑은 허브 향 일렁이는
텍스처퍼머, 오로라퍼머의 웨이브
(치렁치렁 흑단의 기름 빛 바람결에 춤추어 어깨 아래로 곱게 꽃물결 치는 비너스의 탄생이 저 먼바다 위에만 있으랴)
하늘 끝 빛나는 극광이여

* 떨잠: 조선시대 여인들의 큰머리나 어여머리의 앞과 양옆에 꽂던 장식품, 떠는 잠.

누구나 써 보는 월계관
날마다 매만져 다독이는 아름다움의 물결

수천수만의 팔색 극락조 요염요염 날아오르고
내 욕망의 거울
텅 빈 채 오히려 어지럽다

제2부

인체 탐구

두 글자, 세 글자 이름

세상에서 가장 빛나는 거울
— 인체 탐구 18 · 얼굴

사랑하기에 하나하나 그려 보고
존경하기에 마냥 우러러보는
그것 없이 어찌 당신을 마음에
가슴속에 품을 수 있을까요
프시케 그 어여쁜 공주도
남편 보고파 그만 촛불 켜들고 말았다는데
음성만으로 만짐만으로 어느 누구를
사랑할 수 있을까요

보이지 않는 것이 영원하다고,
중요한 것은 마음으로 본다고 말들 하지만
화장에 분장에 살과 뼈까지 성형하는 요즘 세상에서
아름다움은 내면에 있다는 말 곧이 들리겠나요
그것 없어지면 껍데기 벗는 것 같다는 말
내게 믿기겠나요

바람 같은 애증의 칼날, 그 마음 빛이
숨김없이 스쳐 지나는 영혼의 가장 빛나는 거울을

아, 당신의 모습 당신으로 인해 슬픈 나에게 보여 주세요

보이는 게 거짓이라 해도 모두 덧없는 것이라 해도

나의 애정 나의 자랑 드리올 당신의 참모습 보여 주세요

슬픈 유적
— 인체 탐구 19 · 배꼽

어느 별에서
누가 쓰던 표주박 꼭지인가

볼록하던 너 어린 시절 배꼽이
아무것 걸치지 않은 핏덩이 시절
온 천지 향해 돌볼 이 찾던
아득한 응석짓이
하얀 그믐달처럼 네 몸 안에
숨어 빛나고 있구나

누가 네게 물려주었더냐
결코 지울 수 없는

깊은 동굴
인연의 슬픈 유적이여

셰에라자드의 춤
— 인체 탐구 20 · 허리

전갈의 성난 꼬리짓인가요
어둠 속 화톳불 너울거림인가요
어느 땅끝에서 누구의 슬픔으로 터져 나와서
산산이 부서져 사라지는 별빛인가요

검은 항아리 속에 음모 깊이 숨겨 둔
그 도둑 두목 앞에서 붉은 눈빛
서슬 푸른 칼춤을 추었을 그대,
아니면 앞으로 마법의 카페트 위에 날아올라
알라딘과 사랑의 긴 입맞춤 나누었을 그대가

가슴과 그 아래 그 두 동강 나기 쉬운
결코 양보할 수 없고 내줄 수 없는
그 은밀한 미드필드를
오늘 몇몇 칼 찬 영국 군인들 앞에 내맡겨야 하다니

언니야, 난 정말 모르겠어
손바닥드럼 소리 한사코 치근대는 사막 한편에서

젖가슴 환한 배꼽 다 드러내 놓고
꿈틀꿈틀 관능의 그 고귀한 부끄러움을
그렇게 돌리고 또 돌려야 하는
뼛속 깊은 아픔의 사연을

새벽빛 향하여
— 인체 탐구 21 · 이마

어느 누구
쉬 밟을 수 없는

히말라야 흰 산마루
안나푸르나

폭풍우 뇌성벽력
저 발아래 펼쳐 두고

머언 백악기白堊期 풍설에
소리 없이 단련된 천년 바위여

가방 멘 사자 보았는가
— 인체 탐구 22 · 어깨

한꺼번에 두 지게 함께 질 수야 없지
한 짐만도 이렇게 온몸을 짓눌러 오는데
목 아래 덜미 두 날갯죽지
무얼 얹어 걸어 멜 만하다고
어떤 커다란 오해가 있었던 게지
이 세상 어디 가방 멘 사자 보았는가
화려한 핸드백 걸쳐 멘 독수리 있던가

해거름 끌고 가는 기인 그림자
하역下役꾼 인생을 서럽게 바라보나니

장군의 빛나는 견장은 아니더라도
뺑이라도 넣어 부풀리고픈 그것
으쓱으쓱 들썩이던 때도 있었건만
대붕大鵬 넓고 큰 나래로
저 하늘 너펄너펄 날아 보기도 하련마는

네가 짐 진 산 무게 얼마나 큰 것이냐

오늘은 파김치, 어깨 허리가 다 휘고
그렇다고 위로의 말 한마디 듣지 못한 채
가슴 밑으로 두 어깨 푹 떨어져 내린다

충청골, 소백마루 다 지나
— 인체 탐구 23 · 고개

1

허리 지나 허위허위 긴 등성이 잘도 올라왔건만
언제 또 저 산마루 닿을 수 있으려나

아무 더불어 함께할 사람도 없이
인생 실어 갈 큰 짐수레도 없이

싸리고개 보릿고개 바위고개 성황당고개 깔딱고개 무너미고개 벼슬고개 이사고개 새재고개 추풍령고개 그 고개 다 넘고 넘어 충청골 소백마루 다 지났건만 항상 저만치 남은 고개, 다시 머리 세워 올려 보아야 하는 먼 꿈의 고개, 거긴 아직 여우불이 반짝 어둠 속에 뱀 개구리로 식사하는가 이따금 소쩍새 울음에 참나무 검은 잎새 젖어 우는가

2

이 밤 가고 다시 고개 들어 보나니
저 멀리 별유천지別有天地 세상이런가

산마루 햇살 아슴아슴 비춰 오르면
새뜸 차돌모랭이 찔레꽃 웃고
집짐승 들레는 소리

마을 사람들 얼굴 마주하여
붉은 들꽃 향기 환히 수놓는다

목숨의 싸움이 시작되다

— 인체 탐구 24 · 다리

달린다, 건장한 다리들이 달린다
강변 위로 다리 위로
빛나는 시간의 햇살 바퀴살을 돌리며
강물도 함께 달린다

기억도 아득한 그때 손바닥 짚고 엉금엉금 기던 아이 일어서서 가족들 환호 속에 한 걸음 한 걸음 그 두 걸음 떼면서부터 나와 놈은 만나고 한목숨 끝없는 싸움은 시작되었지 아, 글쎄 놈의 어디가 미워서였던가 저 콧대가 건방져서인가 저 주둥이 버릇없어서인가 아니야, 손볼 건 저놈 태워 온 저 다리 아니겠나 저 다리 꺾어 놓으라 저 지지대 무너뜨리라 안다리 밭다리 걸어 쓰러뜨리라 저것 넘어뜨려야 주저앉혀야 백두장사 한라장사 백만금 내 차지 아니겠는가

두 다리는
허공에 걸린 황금빛 금문교인가
다리 위로 힘센 근육질 다리들이

끔찍한 억만금의 소식 함께 오고 가고
그립고 미운 그 누구와
또 걸고 밀고 싸우고 넘어뜨리며
금시간을 다투어 분초를 나누어
달리고 달려간다

앵두꽃잎 편지
— 인체 탐구 25 · 입술

1

하늘하늘
봄바람 타고 춤추는 꽃잎하늘

앵두꽃 위로 한 줄기 별빛 은하銀河가 흐릅니다
어둠 저 너머로 개루왕 거짓으로 놀리던 아랑별의 아픔이, 십장가 토해 내던 춘향별의 슬픔이 거기 꽃잎으로 하늘거립니다 부드럽게 떨리는 그 연한 핏줄 거기 가실꽃의 천년 기약이, 적장 호리던 논개꽃의 웃음이 파닥거립니다 그리고 맑은 눈망울로 찬 겨울 눈물짓던 허난설헌 꽃잎입술, 동해 일출 구경하던 의유당 김씨의 분홍 입술 이야기, 도톰히 다문 관순의 꽃입술, 꽃사슴 천명이의 감춰진 그 속내까지도, 또 덴마크 홀스타인 선수들 놀래키던 우리 낭자군의 앙칼진 외침이 빛나는 꽃잎 위로 꽃별꽃별 아슴히 흘러갑니다

2

우물가로 전해 오는 봄날의 소식들

그 누가 여인의 입술을 그 꽃잎 그 열매에 비유했을까요

해마다 이맘때면
매화 산수유 진달래 뒤를 따라
울 안 세상 환히 밝혀 주는 꽃떨기
그 눈부신 절정의 순간에 가까이 다가서서
아낙들 이야기 그 꽃입술에 휘감긴 나,
누가 나의 봄을 잡아당기고 있는 건가요

태양길 따라
— 인체 탐구 26 · 심장

누구의 괴력일까
우심방 번갯불 힘
살짝살짝 스타카토로 일으키는 저 불꽃 힘은

보이지 않는 그 힘이
세상을 움켰다 펴고 다시 움켜쥘 때
저 하늘 태양길 쉬임 없는 그 길 따라
올림피아 마라토너의 가쁜 숨이나
빙판氷板 위 춤추는 종달새 소녀의 미소로
지구 끝 저 너머를 갔다 오고 또 갔다 오겠지
그 고동치는 피 물결

하루 몇천 번 몇만 번일까
발끝 눈 끝 그 어느 오지까지도
맥박은 꼼틀꼼틀 끊일 듯 이어져 가고
고운 꿈결인 듯 정결한 꽃사랑인 듯
도란도란 여울져 흐르는 아름다운 노래
생명의 노래여

비천飛天의 꿈
— 인체 탐구 27 · 허파

1

대평원을 치닫는 천리마나
대양大洋을 곡예하는 돌고래의 그것이라고 할까

마냥 펄떡이는 가슴
인생 거함巨艦의 저 든든한 기관실

2

풀 향내에 젖어
'봄의 소리' 소프라노로 쏟아 내는
붉은 가슴팍 속 가득히
수천수만의 숨방울 방울방울 속에
여린 핏줄 가쁘게가쁘게 일하는

아, 구만리 하늘 비천의 꿈집이여
푸른 방랑의 세월, 점보 프로펠러의 비행이여

시상 아무리 좋아졌다 혀도

— 인체 탐구 28 · 췌장

— 한 아낙네의 넋두리= 내 이름자 모르는 시상 사람들 나를 글씨 내 무슨 일이나마 허는지 알랑가라우 허긴 누가 천헌 내 이름 지어 주었는지 내사 모르지만서도 장금이 천금이 덕만이 다복이 솔이 진이 그런 쓸 만헌 이름 다 버려두고 초장 간장 고추장 화초장 그 끄트머리일 것 같은 이름 하나 슬쩍 갖다 붙여놓은 그 이름 두 글자 알아 줄이 있을까라우

원 시상에 내 평상을 한 점 명예도 없이 아무 힘도 권력도 없이 휘어 굽어진 언덕 너머에 한 뼘 십이지장 사이 겨우 움막집 한 채를 마련혀 두고 궂은 일 싫은 일 마다 안 허고 나서니 내 여리지만 억센 손이 아니더면 어느 남정네가 이런 일 감당헐껴 잉, 위액 쓸갯물 져 나르는 장정이 실허고 독허다 혀도 내 힘 없이는 나 나서지 안 허믄 이 집안은 곧 무너지고 말 팅게 내 주인은 사람 행세 허지 못헐 것이네, 그러니 이는 분명코 내 자랑 내 허풍이라고만은 헐 수 없웅께 잘 판단혀 보더라고 잉

아, 그런디, 없이 살던 시절 못 먹던 시절이 왜 이리 그리울까라우 서로 내남없이 그냥 살 적엔 이 집 저 집

돌아댕김서 인슐린 약이라든가 또 뭐라든가 구루카곤 약 빌러 다님시롱 서로 정도 들고 오붓허고 즐거웠었는디 요즘같이 있는 시절 잘들 퍼먹는 시절 되논께 혈당인지 살 땅인지 넘쳐나는 그놈의 당뇨 풍조 꼭 여름날 홍수 밀쳐오드끼 태풍에 비 처붓드끼 도무지 중심을 못 잡고 혼란스러워라우, 이웃이라고 어찌 사는지 친척이라고 어찌 사는지 속병을 앓는지 중병에 드러누웠는지 죽어 자빠졌는지 몸이 말라 비틀어 가는지 다리가 썩어 내동댕이쳐졌는지 까마득히 모름시롱 그러코롬 산다닝께

아서라 시상 아무리 좋아졌다 혀도 서로 돌아봄서 사는 일 부디부디 잊지 마시시오, 잉

손등에 흐르는 강
— 인체 탐구 29 · 손등

이리도 가까운 것일까 삶과 죽음의 두 갈래 길, 와락 두 손으로 쥐어 봅니다 거칠게 숨 몰아쉬는 아버지의 소중한 영토, 먹고살려고 몸부림치던 이의 부끄럼인가요 깊은 골짝 거기 검푸른 강물 사이로 독수리 발 힘줄기가, 솔뿌리쟁이 산줄기가 나의 눈물이슬로 쥐어집니다 피어나던 꽃시절에 날아 보는 자유조차 잃은 채, 퍼렇게 날선 허공 쏘아보던 눈망울
우리 육남매 어린 목숨들과 마주 앉아 달캉거리며 밥그릇 비우면 땀에 젖은 날개 다시금 먹이 찾아 힘 불러 펼쳐 오르던, 세상 어느 높은 왕도 해 주지 못한 일 그 뜨거운 숨결, 핏결이 내 손끝을 넘어 넘실댑니다

이상한 일입니다, 만져지는 손등의 산줄기는 왜 딱딱한 그 바닥 대신 자신이 입 달린 얼굴이나 되는 양 당신이 허위허위 넘고 넘던 그 굽이진 세월의 강줄기가 거칠게거칠게 내 가슴속을 후벼 파는지, 가슴속에 고동치며 또 울력하며 먼 전설처럼 삶의 내력 이야기하고 있는지요

운명을 팝니다
— 인체 탐구 30 · 손금

— 다시 좀 봐 주세요
언제 이 고단한 인생살이 끝이 날는지
— 뜬금없이* 더 볼 수 있나요?

실 잡을까 연필 잡을까
아니면 빛나는 저 뭐여, 저것 잡아 볼까
엄마 뱃속에서부터 쥐락펴락
수없이 쥐어 보던 그 손

그 살점 굵기 따라
이미 갈라서 버린, 금 가 버린
그 손바닥을 다시 움키어
돈 건네는 순간

---

* 뜬금없이: '든 금金 없이, 들어온 돈 없이' 에서 비롯된 말.

저만큼 운명선이 달아나 버린다
누구에게 내 운명을 판 것인가

동묘 앞마당
십자매 한 마리 실없는 점괘를 물고
요리조리 종종걸음을 친다

낮은 곳에 임하소서
— 인체 탐구 31 · 손바닥

주고받고 쥐고 잡고 하려면 바닥이 나서야 한다 손의 넓은 밑바닥이, 무언가 만드는 일 끊고 자르고 깎고 빚고 주무르고 비비고 짜고 하려면 움직여야 한다 이것이, 이제 또 만든 것을 끌고 당기고 밀고 옮기고 들고 나르고 하는 일도 이것이 앞장서지 않으면 안 된다, 그리고 나물 곡식 씨 심고 뿌리고 캐고 뽑고, 사랑하는이 사랑하는 것 쓰다듬고 어르려면 역시 수고하지 않으면 안 된다, 이것이

살펴보자, 두드리는 일은 손등으로 하고 가리키고 줍고 꼽는 일 몇 가지만 손가락이 할 뿐, 도대체 수많은 인간 행위는 저 오랑우탄의 늘어진 손처럼 커다란 그 손의 바닥 손아귀에 기생하여 서 있지 않는가, 바닥이 없이 어찌 63빌딩이 서며 정이품송이 거기 서 있을 수 있는가

모든 사람의 지식과 인격이 어떻게 깨끗이 높게 설 수 있는가 바닥이 없이, 손아귀 도움 없이, 위대함은

사실 저 높이에 있는 게 아니라 그 밑 낮고 평평한 보이지 않는 곳 구부리고 펴는 힘에 있지 않는가

손의 벽을 어느 누가 바닥이라 했을까 그렇게 스스로 행위의 몸을 한없이 구부리고 낮출 수 있었을까

어떤 해후

— 인체 탐구 32 · 볼우물

부평 소사 너머 하얀 낮언덕
복사꽃이라도 피어나는 것일까

타관에서 돌아온 그날 우리 마주했을 때
차가운 바람 속 밭일하다 말고 방 안 들어섰을 때도
이렇게 낯 붉히지는 않았는데
이 밤
순이 두 볼우물이
어린애 볼거리라도 하는가

살아 있는 목숨의 가장 고운 살우물
찰랑대는 그 봄물결에
심장 깊숙이 뜨거운 꽃샘 터져 번지는
이 티없는 물마루에

목멘 소리 볼멘 가슴으로
우리 뺨 마냥 부비며
더 깊이 더 깊이 볼우물 파야 하리

우리 기쁨과 슬픔의 강물
더 깊고 더 길게 흘러내려야 하리

네 몸뚱이 하나 거기 내려놓아라

— 인체 탐구 33 · 엉덩이

가끔 머언 하늘 말없이
흐르는 조각구름 바라보아라
팍팍한 길 가다 가다
고된 일로 허리 뻐근해져 오면
판판한 길가 어데 좀 찾아
네 몸 하나 거기 내려놓아라

왕후장상의 거기만
어찌 귀하고 값진 것이랴
적막한 별하늘 풀벌레 소리 가득한
그 들길에 퍽석 걸쳐 놓는 네 의자 하나
홀로 가는 네 삶의 무게
그리로 푸르게푸르게 저려 오지 않느냐

침향沈香
— 인체 탐구 34 · 눈꺼풀

깊은 바다 끝자락 모르는 침잠沈潛

몇천 년이 흘러가는 것인가
까마득한 어둠의 시간 저편

누가 그 무게를 견딜 수 있으랴
혼곤한 사지死地에 빠져 감감히

대숲 바람이 스삭이는지
은하수 먼 길 별이 도는지

아, 찬란한 눈물빛 꿈꾸는 것인가
부화하여 날개라도 커다랗게 가지려는가

그 눈꺼풀 아래
한 점 경계등燈 없는
바닥을 알 수 없는 긴 흐름
외롭게 넘고 넘는

오직

여리디여린 숨결 하나

희망처럼 등대로 간직한 채

그 가슴 그 곁에

— 인체 탐구 35 · 갈비뼈

그래요, 나는 오직 당신의 한 부분,
그 퍼즐 하나, 딱 한 파운드 뼈 하나 무게지요
당신의 심장 여울 소리에 기쁨으로 현絃을 켜고
힘들어 숨 가빠 할 때면
연약한 당신의 표정 지켜 하얗게 밤을 지새우지요

내게도 발 있다고 내 멋대로 나다닐 수 있나요?
남의 보물단지 흘깃흘깃 한눈팔 수 있나요?
낯선 사내 얼굴 훔쳐보며 살랑살랑 치맛자락 흔든다면
그건 정말 천부당만부당 천벌을 받아 싸지요
이 모양 이 크기로 엉뚱한 사람 빈 곳 채운다고 덤비다간
내 몸 찢어지고 내 속 검게 타들어 가지요

바다 포말泡沫 타고 다가왔을까
함께 손잡고 얼굴 마주 보며
나는야 향기로운 그대 가슴 그 곁에
당신으로 인해 빛나는 홍보석 한 알

이번엔 좀 아프실 겁니다
— 인체 탐구 36 · 어금니

조금 참으세요, 네, 이제 뽑습니다

웬 여의사가 그렇게
생니를 무섭게 다룰까
내 지난 삶의 어떤 굴곡 중에
무슨 큰 죄라도 저질렀단 말인가

서러운 나잇줄
나의 부끄러운 이 중얼거림 너머
과연 그때 그곳에선
무슨 일이 벌어졌던가!

이제 그곳은
바닷가 벼랑에 서서
거센 태풍 해일이라도 얻어맞은 듯
가지런한 앞니만이 앞쪽에 쓸쓸하였다

절망 같은 슬픔이

아직도 벌렁거리는 나의 심장을 쳐 무너뜨린다
수, 부, 귀, 강녕 아니 오복五福 모두를
알지 못할 땅 그 어느 먼 들판에
너 몽땅 내던져 버렸느냐

이월도 중춘이라 봄비 오는 절기일레
— 인체 탐구 37 · 큰창자

1

만물이 넌출넌출 사는 일로 분주하다
작은집서 건네준 일 궂다고 싫어 말고
형님 노릇 마땅하니 큰일 마무리일 시작하여 보세
맹장 · 결장 · 직장 다 거느리고 대장군 위세 빌려
ㄷ자 진陣을 치고 대오를 정비하여
예덕穢德선생* 본을 받아 흙 삼태기 둘러메고
말똥 쇠똥 거위닭똥 부끄럼 없이 날라 내세
지체하면 병病 되나니 부지런히 날라 내세
물도 적당히 들어 올리고 미네랄도 챙겨 들이고
필요한 것 더 잘게 부수어 남김없이 처리하세
어여라 영차 어여라 영차

2

사람들아 내 말 듣고 나물 채소 맛나게 먹소
아욱 근대 상추 쑥갓 부추 파 물미나리

---

* 예덕선생: 박지원의 한문소설『예덕선생전』의 주인공. 묵묵히 뒷간을 치며 농사일에 도움을 주어 큰 소득을 올리던 인물.

농가의 초여름 반찬 뭐가 이에 나을쏜가
말 많고 탈도 많은 고기 먹기 좋아 마소
물 마시기 공 들이고 틈틈이 운동하소
몸도 튼튼 장도 튼튼 그 아니 자랑인가
얼씨구나 절씨구 절씨구나 얼씨구
메주 빚어 늘어놓듯 모양 좋게 만들어서
밝은 세상 내보냄이 우리 본분 아니런가
엉덩이 사이 골짜기가 편안하면 잠 잘 오고 밥맛 나니
백세토록 건강하면 유복하지 아니한가
아무렴 즐거운 한세상 시원시원 살아 보세
얼씨구나 절씨구 지화자 좋구나

제3부

『성서』 속 서정

그분께 욕이 되지 않을까요
—『성서』 속 서정 1 · 룻

어둠 속 타작마당에 드는 일
그분께 세상 부끄럼 되지 않을까요

제게 말씀하시던 그 음성
밀 이삭 한 아름 안겨주던 그 고마움보다
더 가슴속 밀물져 오는 건 웬 까닭일까요

가진 것 하나 없는 이방의 여인*
거친 고통의 돌짝길 걷는 제게
이삭 줍는 아낙에게 건네준 사랑의 인사
이리도 되울려 오는 건 무슨 연유일까요

죽음 없는 아름다운 그 땅의 그림자
늘 노래 불러 오던 어머니의 나라

---

* 이방의 여인: 『성서』, 「룻기」의 주인공. 가뭄과 기근으로 시아버지와 남편까지 잃었으나 끝까지 시어머니를 따라 유대 베들레헴 땅으로 갔는데, 그곳 귀족 보아스의 타작마당에 들어간 이 일이 성사되어 그는 훗날의 다윗 왕의 증조모가 된다.

그 나라의 넉넉한 축복 제게 주신 그분께
정갈한 이 몸 그분 곁에 기꺼이 누이고 싶지만

어머니, 그분 발치의 이불 귀퉁이 눕는 일
그분께 혹시 욕이 되지 않을까요

사슴 눈망울
—『성서』 속 서정 2 · 노아 1

어둠 속 깜박이는 네 눈망울
사냥꾼 발걸음 이만큼 무서웠었니?
산맥 무너지는 소리, 묻히는 슬픈 아우성
시뻘건 샘물 무슨 힘으로 저리 치솟아 덤벼들까
하늘의 물문門 어찌 저리도 내리쏟아 부을까

망망한 두려움이 넘실넘실, 사슴 네 눈망울에
여기는 두레박 타고 선녀 지아비 오르던 높고 높은 곳
세상의 산들이 저 까마득한 물 아래 엎드렸나니

얼마나 길까 여행 아닌 공중 바다 우리 여행길
엷은 그림자 빛 속 웅크려 눈 반짝이는 짐승들
숨죽인 딱정벌레, 장수하늘소 한 쌍

이 진노震怒의 날은 언제 끝이 나
아, 꽃덤불 위 나비 헤살거리고
칡범 만나면 칡범과 사귀어 놀고, 푸른 언덕
붉은빰멧새의 노랫짓 다시 지켜볼 수 있을까

너, 마주 보는 사슴아

※ 길가메스 서사시와 각국의 홍수 설화의 원형이라 할 수 있는 『성서』의 노아의 홍수 사건을 보면, 40일간 비가 내리고 용암이 솟는 가운데 천하의 산들이 물속에 다 잠기는 지구의 격변이 있을 때, 3층의 네모난 방주에 탄 노아의 한 가족과 모든 길짐승과 같은 동물들이 한 쌍 혹은 일곱 쌍씩만 견디고 살아남는 것으로 기술되어 있다.

유목遊牧의 꿈
—『성서』 속 서정 3 · 아브라함

저 하늘 어디쯤인가
날 불러 두 팔 가득 안아 줄 그곳은

내일은 또 어느 쪽으로 나아갈거나
저 사각의 성좌星座 빛나는 그 아래 옮겨 갈거나

소 양치기 약대들 잔 숨결 소리가
풀벌레 소리에 묻혀 가는 언덕 너머에
쏟아지다 멈춘 저 별무리들을
바닷가 모래알로 다 셀 수 있을까

둥근 어둠 속 신령한 눈이
숨은 진줏빛으로 지켜보는

아, 저 하늘 구만리 파도 밖인가
냄새 나는 나의 가족을 마다 않고
편히 맞아 줄 나의 본향本鄕은
무거운 몸 길이 부릴 그곳은

고난의 비밀
— 『성서』 속 서정 4 · 욥

— 동방의 부자 중에 가장 많이 가졌기에 가장 가난하고 자녀들 많았기에 누구보다 허망하고 모든 사람의 존경을 받았기에 더욱 비천해진 한 사람의 심정이 여기 있다.

나의 극極한 고통
어루어 줄 이 뉘 있다면
곪아 터져 무른 살 속 고물대는 벌레들
긁어내어 줄 이 뉘 있다면

아, 이 억울함 그 누가 알리
저 바닷물 이끌어 구름에 싸시고
저 하늘 별들 묶어 줄로 세우신
높고 높은 그분 향해 내 괴로움 토로하리라

너덜너덜한 몸뚱아리
폭풍에 장막 무너지듯 무너지고
짙은 어둠이 내 혼 덮을지라도
한번의 호흡 같은 내 짧은 삶
실낱같은 목숨 잇고 또 이어
돌 위에 빛난 정금 칼로 새겨 둘

깊은 마음속 믿음 하나는

저 빛의 나라로 날 이끄실 분
훗날 이 땅에 서면
썩어질 이 몸 밖에서 내 그분을 보리라

유형流刑의 땅에서
—『성서』 속 서정 5 · 노아 2

산은
험하게 부서져 내리고
으르렁거리는 바다
바다가 다시 덤벼든다

차가운 바람하늘
아무리 둘러봐도
푸르른 물소리 간 데 없고
나비 떼 찾아 놀던 풀꽃데미 텅 비어 있건만

한 해보다 더 길었던 어둠의 뱃길
눈물 씻고 쌓아 올린 감사의 제단 너머
오늘 우리 눈에 가득 안겨 준 저 빛기둥
오, 구름 사이 펼쳐 둔 오색 꽃기둥

뱃속 깊은 곳
아직 흔들거리는 두려움으로

다시 손끝에 날려 보내는 내 마음의 비둘기
언제 물어 오려나 시들지 않을 금빛 올리브 잎새

눈물 심장 하나 더
—『성서』 속 서정 6 · 요셉

그만 하소서 그만 말씀하소서
형님 떨리는 그 음성 가운데
아버지의 하늘 꺼지는 탄식 깊어져 가니
그만 하소서 그만 간청하소서

하늘 그분의 어엿한 장부 그 떳떳함으로
스물두어 해 고초 굳게굳게 견뎌 왔건만
눈 안쪽 가득 슬픔의 성채 쌓아 왔던가
눈물 심장 하나 더 키워 왔던가

형님들아, 이리 말하는
이 아우 입과 이 얼굴 보소서
이복형제 그 미움의 강 모두 넘어서
이 만남 이루어 준 크신 그분 손길 보소서

이 호곡 이 울음소리 애굽* 땅 너머

---

* 애굽: 이집트의 『성서』적 이름. 야곱의 네 아내 중 가장 사랑하는 아내의 아들로 태어난 요셉은 여러 이복형들의 미움을 받아 이집트에 팔렸으나, 그는 훗날 성실과 충직으로 이집트의 총리가 되고, 길고 긴 기근 중에 쌀을 사러 온 형들을 용서한다.

저 하늘 저 궁정에 길이 울리리니
환난 중에 쏟는 우리 눈물 줄기
깊은 밤하늘 흘러 흘러 은하수 되리
천년만년 두고두고 눈물화석이 되리

라헬의 태양

—『성서』 속 서정 7 · 야곱

사랑의 살촉보다 더 날카롭고
마법의 꽃물보다 더 진한 것일까

네가 있어
태양이 저리 번쩍이고
달빛 별빛 더 아름다운 것을,
내 삶의 전체 내 기쁨의 노래여

백만 송이 샤론의 장미꽃 향기
푸른 들판 암노루의 자태
네 없이는
내 자랑하는 힘이, 내 소유한 양 떼가
막막한 하늘, 빛깔 없는 허공

너를 향한 애태움에, 그 찬란한 꿈에
긴긴 세월 다만 며칠 밤이었나니
라헬이여,
나의 이 누추하고 가련한 삶
그대 품에 환히 맞아 주렴, 저 하늘 태양처럼

영원의 빛
—『성서』 속 서정 8 · 마태

백 년을 살아도 아기요,
천 년을 살아도 나의 삶의 첫걸음이라면
다시 그 열 배를 지내고도
그것이 긴 긴 여정 막 나서는 길이라면

거기 천국이라고 극락이라고 불러 오던 그리로
서러운 이 목숨 그리로 옮겨지기만 한다면
거기 갈 수만 있다면!

부모 손잡고 마냥 재잘대는 아이
시간도 헴도 모르고 깔깔깔 노는 저 바닷가 소년 되어
또는 두려움 모르는 젊음, 아니면 가슴 벅찬 신혼의
꿈길 밟으며
수정水晶 강가로 또 진주珍珠 대문 들고 나는
그 빛나는 옷자락 끌며 그 귀한 기쁨의 노래를

어찌 다 상상이나 할 수 있을까요
날품팔이로 남 눈치 보며 보며 사는 내가

그 만분의 일이나 그려볼 수 있을까요

세관에 걸터앉아 겨우 세금 세금 받을 궁리나 하는
몸이

그날 그 웅장한 아쿠아리움

—『성서』 속 서정 9 · 모세

1

구만리 밖에 하늘길, 깊은 물 아래 해저터널 있다지만
듣지도 보지도 못한 바다 뭍길 처음 보는 새 길이었지
한 가닥 모래바람이 바다 가운데 치고 들어갈 때
하늘 루미나리 횡해 비추는 불빛 아래
우리는 그 와중에 이웃 얼굴 부르고 부르며
애굽 궁전보다 높은 물 벽 사이로 걸음걸음 재촉했
나니
그대, 노호하는 물거품 아래 상어 떼 용궁거북 보았
는가
물론이지, 희한한 열대어 산호숲길 용궁토끼 다 보
았는걸
단단한 갯벌 해안 모래밭보다 더 보드라운 땅을
살아 서 있는 그 물결, 투명한 그 유리벽 만지며 걸
었나니
소년 애들 납작돌 주어 던져 물수제비 뜨며 즐거워
했나니
세상에 그런 웅장한 아쿠아리움이 또 어디 있겠는가

2

애굽 병거여, 더 빨리 쫓아 바닷길 속에 들어라
비하히롯 앞 바알스본 맞은편이 한달음 앞에 있지 아니하냐
깊은 어둠 소용돌이치는 불기운 큰 바다 다시 덮을 때
우왕좌왕 벗겨지는 수레바퀴 뒤꼬이는 외마디 외마디
높은 하늘이 실수에 또 실수하는 바로 왕의 짧은 생각을 비웃고
어제 일 금방 잊는 인간의 어리석음에 혀를 차는구나
저 애굽 병거 보니 넓고 너른 길 육십 차선은 될 거야
뭇사람들 어른어른, 낙타 우양牛羊 씩씩쌕쌕
높이 솟은 불기둥 뇌성 품은 구름기둥을 행렬 뒤로 쳐다보며
그 두려움에 그 장쾌함에 그 급박함에 그 놀라움에
아직 해풍 차가운 4월 보름밤 철썩이는 파랑 가운데로
분명 우리는 기인 한밤의 꿈을 꾸었지

실로암못

— 『성서』 속 서정 10 · 한 소경

다른 것 다 몰라도
내 아는 것 하나
어둠에 갇혔던 나
많은 사람 앞 활보하는 이것

슬픈 일 많아도
내 노래하는 것 하나
착한 그 양반
버려진 날 어루만지신 그 일

실로암못, 실로암못에 이르는 길은
내 새로이 태어나던 긴 어두움의 산도産道 끝이던가
그때 하늘 가득
쏟아지는 그 빛줄기 어떻다고 말해야 할까요

내 맘에 다시 출렁이는 그 노래 하나
아득히 그믐달로 쓰러져 가는 이 한 몸
불꽃으로 다가와 환히 일으켜 세운
흙 묻은, 물흙 묻은 그분의 손길

일곱 번 내려가 씻으라고?

—『성서』 속 서정 11 · 나아만 장군

1

결코 그렇게 할 수 없다
내가 내 병을 알지
이건 그렇게 씻어서 나을 병 아니다
내 지위와 명성에 맞는
그런 은밀한 처방 내려 달라

2

한번 내려가 씻는다
천형天刑이란 두려운 심연에 내려가
무른 살점 내려가 씻는다
자존심 떼어 버리고 내려가 씻는다
요런 강물 요런 맹물 쓸데없는 일이라고
마음 한가운데 실실 비웃으며
한번 한번 또 한 번 다시 내려가며 다시 내려가며
다시 내려가며
마음 모퉁이 분노일랑 장군의 자만심일랑

그리고 '나' 란 그 생각마저 모두 요단 물에 빠뜨리고……
일곱 번째임을 거듭 확인하며
뭍으로 올라오는 순간,

3
아, 황홀한 탈각
품 안의 아기 살결 같은
다시 눌러 보아도 분명 탱탱한
그래, 이 살 이 살점 내 살이야!

산언덕이 너울너울 노래하고
덩실덩실 강물이 춤을 추었다

에덴의 동편
—『성서』 속 서정 12 · 아담

나무 뒤 어둠 속 지난번 숨더니
이제 동산 밖에 떠나고자 하느냐

무슨 맘을 먹었느냐 무슨 뜻 숨기고 있느냐
네 눈과 귀와 입에 즐거움 가득한 이 동산
이 밝은 빛이 왜 싫어지고 네게 두려움이 되었느냐

네 부끄럼은 가죽옷 지어 가려 주었건만
어째 내 곁을 떠나고자 하느냐
내 얼굴 내 목소리를 그리도 닮은 너……
네 마음을 살 수 있다면
내 몸을 주고서라도 다시 살 터이지만

거친 땅 팍팍한 길 가다 가다
구슬땀 맺히고 긴 한숨 터져 나와
그때 이 나의 눈에 이슬 네 생각에 스치거든
내 별빛 언약 네 기억 속에 되살아나거든
돌아오려무나, 걸음 이리 옮기려무나
나의 기쁨 나의 사랑아!

모진 말 함부로 하지 마라
—『성서』 속 서정 13 · 대제사장 가야바

그가 죽어야 한다고
그가 죽어야 이스라엘 편안하다고
억눌리고 찌든 사람들
진흙 구렁에서 구하고
빛과 평안, 자유를
고맙게 고맙게 베푼 그 사람을
괜스레 맘에 안 든다고
그 출신 보잘것없다고
호의호식하는 네 삶의
그 방식 그 잣대 들이밀며
잘난 체 그런 섬뜩한 말
함부로 하지 마라
그 역시 연한 새순으로 자라
아픔을 아는
슬픔을 아는
거룩한 꿈에 마음 설레는 사람의 아들

가야바여,

그가 죽어야 한다는 모진
말 이제 거두어라
죽어야 할 사람은 바로 너라고
어느 더 지위 높은 네게 말한다면
네 낯빛, 영화로운 네 낯빛이
어찌되겠는가
그러나 그 누구도 죽어서는 아니 될 사람
너도 살아 네 직분에서
잔잔한 기쁨과 위로 얻으며
장성한 아들딸 통해
네 씨의 긴 행복 지켜봐야 할,
그리고 너 자신
보석 박힌 네 의복이 가리키는 바
이 어둠의 땅 벗어나야 할 사람 아니던가!
한 송이 흔들리는 풀꽃
너 가야바여

슬픈 추락
—『성서』 속 서정 14 · 이브

살랑대는 바람
바람 부는 대로
가고 싶은 데로 가는 것
그게 나의 자유 아닌가요

색깔 고운 엔젤피시 꼬리 짓
공자 왈 맹자 왈 앵무새의 지저귐보다
저 주렁주렁 떨어질 듯 붉은 열매
마냥 바라보고 바라보는 것
그게 나의 행복 아닌가요

여인의 두 눈에
한 줄기 보랏빛이 솟구쳐 작열하고

가장 신비로운 물건
그 고운 입술 안으로 삼키며 삼키며
왠지 그 날 선 열매 맛칼에
한 겹 한 겹 난자당해 떨어지는
오, 순결한 여체여!

준비된 양

—『성서』 속 서정 15 · 이삭

찌르세요, 그냥 찌르세요
아버지의 사랑만큼
저의 마음 그렇게 드리겠어요
세상에 태어날 무슨 권리 따로 있지 않았던
이 몸
삶의 즐거움 주신 분께
기쁨으로 온몸 다 바치겠어요

가시 돋친 장작 위 한 마리 짐승, 꿈결로 자란 빛나는 아들, 아버지 앞에 손 묶여 누웠습니다 햇살 뜨거운 땅끝 저 멀리 거기 높이 들린 칼끝이 아비의 그렁그렁한 눈물 속에 외로이 흔들립니다 팔딱팔딱 뛰는 그 연한 살점 위로

순한 짐승에서 쏟아지는 그 피는 장작더미 아래 메마른 땅을, 죽음의 이 땅을 흥건히 적십니다 살기등등 밀려드는 폭도 외마디 욕설과 조롱과 멸시가 엮어 씌운 그 가시관 아래로 흘러내려 큰 강물 이룹니다

제4부

자연과의 교감

꽃다지

언덕 너머 실바람
노오란 꽃무리 비단하늘 흔듭니다

하 작아 굽어보니
부끄러워하는 모습 내 몸마저 흔들립니다

밤하늘에
은빛 여울 피라미 떼
땅에는 눈부신 꽃미리내 물결

금빛 봄꽃은
내가 듣는 생명의 노래
온 정성으로 겨우내 연습했나 봅니다

푸른 신전

사람 곁에 있어
사람으로 무심히 우러르게 하는 것

초록빛 높이 아름드리로 띄워
맑은 강물 어른거리듯
비인 하늘 가득 출렁이게 하는

산새 놀다 가고
바람 쉬었다 가고

나무, 그 부드러운 이름으로 구름 벗하고
한 생애 내내 두 팔 벌려
무슨 인연인 양 떠날 줄 모르는

너는
가난하여 너를 찾는 이의
가장 풍요로운 거실

한해 사이로 난 길

반질거리는 초록 길
감꽃잎으로 찾아든 손님
동자승 사미니 얼굴로
방긋 웃더니

천둥 비 후드드득
몇 차례
원각圓角* 사람들 모였다가
식은 국밥처럼 멀어져 가고

하얀 눈서리 밤하늘 이고
붉은 까치밥
두어 채 남아 쓸쓸히
홍등으로 흔들리고 있다

---

* 원각: 서울 혜화동 시와시학사 마당에 있는 정자 이름. 그 옆에 오래된 감나무 한 그루가 벗하여 서 있다.

선재도의 꿈

붉게 타는 바닷가
갯여울에 긴 그림자 그늘 하나
태풍이 물러간 동녘 하늘에
푸른 별 하나둘 눈떠 저녁인사 한다
아, 저들의 빛과 그늘 따라 멀리 흩어져간 얼굴들
저 별들처럼 무리 지어 반짝이는
이 땅 이 섬에 자란 우리 모두 형제, 오누이인 것을
천둥폭우 앞에 눈망울만 깜박이던 어린 짐승인 것을

인아, 정아, 향아 그리고 순아
너흰 저 아득한 물결 너머 등대 깜박이는 이 밤
어디메 작은 날개깃을 접느뇨
차라리 여기 옛날엔 듯 함께 모여
어둑어둑 조개모래벌판 갈매기로 나란히 앉아
출렁이는 우리 꿈 다시 소곤소곤대며
별빛 달빛 안아 노래하지 않으련?
파도 소리 바다 향기 다 펼쳐 놓고
어리얼싸 도래춤 춤추어 보지 않으련?

빨간 비밀

바깥세상은 잘 모른다
산새 곁에 와 풀씨나 쫄 뿐 그 속 잘 모른다
몇몇 잡초 뒤엉켜 쓰러지고
녹슨 쟁기 온실 벽에 서 있을 뿐 그 속 잘 모른다
층층이 줄기에 청사초롱 달아 놓은
누가 알리, 빨간 봉지 속 빨간 비밀을
누구의 꿈 디자인된 보배함인가
누구의 숨결 오가는 은밀한 공간인가
초롱꽃보다 도라지 꽃봉오리보다 더 은밀히
꼬옥 그리고 넉넉히 감싸
탱탱히 키워 온 속살 붉은 열매 하나
어느 먼 바다 건너온 생명의 숨길인가
뽀드득뽀드득 여자애들 입술에 물려
기쁨이 꽃핀다 자랑이 노래한다
가을 산새 깡충 날아오른다

타래 인연
— 그대 타래난초를 찾았나요?

머언 하늘 무덤가
흰 구름으로 떠돌다
향기론 풀언덕에 내려
뺨 비비어 보는
눈물 아롱아롱 얼굴들

살풀이로 풀어질까
풀어도 풀어지지 않는
한 줄기 꼬인 인연 따라
타래타래 피어나는
타래진 꽃 얼굴

능내리 그 여름

벗이여, 이 날을
결코 짜증난다 열 받는다 말하지 마라
감이 저렇게 크고
능금나무 푸른 꿈이 저리 자라는데
너, 이마에 흐르는 땀 닦지 마라
김매다 힘들면 허리춤 짚고 먼 물길 바라보아라
들풀로 더불어 살다 보면
풋풋한 내음 오히려 정다운데
부대끼는 사람 사람 눈살 찌푸릴 일들
저 멀리 흘러가는 가느다란 강물 자락 아니겠는가
내 일 이리 바쁘게 날 재촉하는데
그게 무슨 마음에나 둘 일이겠는가
하늘에 두둥실 구름 조각배
수련 봉오리 물 아래 백조 알로 커 가고
저 풀숲 어린 방아깨비
다시금 허물 벗고 새 단장해 나오는데
벗이여, 우리 마음 저 들녘이라면
찜통 이 더위도 불러 맞음 직하지 않겠는가

바래봉 철쭉의 노래

내 만일 저 꽃과 더불어 산다면
저 푸른 산의 우람한 어깨가 온통
빤질거리는 푸른 날빛으로 나를 호위할 때에
맑은 바람 얼굴에 쏘이며 풋풋한 풀내 맡으며
활짝 핀 웃음으로 늘 살아가겠지

아, 파아란 하늘 저 높이
넘실거리는 분홍빛 물결 따라
내 마음에 울려 퍼지는 하늘 끝 노래여!

내 만일 저 꽃과 어울려 산다면
저 푸른 산의 우람한 어깨가 온통
넘실거리는 푸른빛으로 나를 호위할 때에
하늘 맞닿은 능선을 마냥 걸으며 또 노래하며
고동치는 생명으로 늘 살아가겠지

아, 파아란 하늘 가운데
넘실거리는 분홍빛 물결 따라
내 마음에 메아리치는 하늘 끝 노래, 노래여!

꽃등불
— 아카시아 노래

산도 어둠을 품고 사는지
하얀 꽃등불
꽃망태 걸어 놓은 듯
산허리를 휘감고 있다
그리운 이 만난 듯
망연히 바라보매
꽃향기 슬픔으로 피어나는 길
뻐꾸기 울음이 길다

옥양목 빛 환한 등불
고운 곡옥曲玉 타래
손 가까이 또 높은 우듬지에
수천수만 달렸으니
숲속 어두운 길 비추심인가
내 마음의 허공 밝히심인가
우러르고 우러르니
이곳 정토인가 싶으다

오월 천관天冠*

높은 산 위에
바다가 넘실거린다
기다란 능선들은 파도 이랑이 되고
하이얀 바위들은 거기 포말泡沫로 부서진다

그 연록軟綠 바다 물결 위로
맑은 햇살이 바람 타고 내리면
여기저기 수런대는 흰 꽃 분홍 꽃 무리
명감 정금 떡갈잎 풋내음이 고개를 돌려 본다

이따금 환희대歡喜臺 산마루에
멧새들의 무현금無絃琴 뜯는 소리
저 바다는 산을 바라 철썩이고
이 바다는 적막한 합주로 답례한다

---

* 천관산: 전남 장흥군 관산읍에 있는 산. 남해를 굽어보는 여러 능선과 바위 군락이 아름답다.

오, 높이 일렁이는 물결
하늘 가운데 출렁이는 산 물결은
바닷가 관산 읍민의
솟아오르는 꿈, 청보리 빛 짙푸른 노래일런가

긴긴 해 풍우, 적설 속의
그 외로운 침묵은
모두 다 이때를 바람이런가
바다 위의 바다, 천관이여
꿈꾸는 자 우러르는 자 모두의
아름다운 승리의 하늘 보관寶冠이어라

호수의 빛

나는 오랫동안 알지 못했다
호수가 때로 눈부신 화폭이 된다는 것을
출렁이는 수평의 흐름 위
내 녹슨 유년의 꿈 빛이 어리비치는 줄을

까아만 화폭 위에
순간순간 나타났다 사라지는
수천 마리 잠자리 떼 은빛 날개
수만 마리 막 날아오르는 백조의 무리

줄지어 줄지어
삼각의 요트들이 수면 위로 반짝이고
어부들의 멸치 떼 어망에
싱싱한 바다가 펄떡이며 튀어 오른다

밀려가듯 밀려오는 이랑에
일제히 쏟아져 내리는
때 아닌 눈보라, 빛보라

물 위에 뿌려지는
한 다발 미리내 별빛이여

묻배* 위에서 만나 보는
눈 어린 꿈 조각, 은백의 마술이여

* 묻배: 밀려오는 물결에 맞서 땅이 나아가는 듯 여기는 착시 현상.

청산별사

1

날 좋다 날 좋다 날도 좋구나
구름은 산 능선 힘차게 넘고
햇빛은 나무 사이로 땅 낯을 어르네

불어라 불어라 불어를 오라
바람은 골짝을 솟구쳐 올라
봉峰마다 골마다 휘젓는구나

큰 바람 큰 호흡에 가슴이 가득
두 겨드랑이 휘몰이에 하늘을 날고
상긋한 바람 입맛 산중山中의 음식

2

살어리 살어리 살어리랏다
머루 다랫 청산에 살어리랏다
바람 청청 청산에 살어리랏다

반가운 산중 화초 길손을 맞고
바위 새 돌단풍은 손을 흔드나
긴 가락 내 노랫소리 온 산이 느껴 울고

물소리 바람 소리 그 어느 소린가
참나무 단풍나무 또 무슨 나무인가
산중의 솟은 바위 허공에 기우누나

오르며 내리나니 기나긴 산길
굽이진 이 길 속을 언제 또 오리
어지러운 세상사에 다 잊는 것을

바람이여, 내 영혼을 흔드는 큰 바람이여
내 심중에 말하는 소리의 깊은 뜻은?
그 뜻을 듣지 못한 채 마음만 아득

3

떠나라 떠나라 길을 떠나라

산중의 나그네는 길을 떠나라
한 날도 인생길도 끝이 있나니

아니지 아니지 이 자리 서서
신선암 바위 허공 이 자리 서서
달 맞아 별 맞아 살어리랏다

조계산 물소리 끊어지고

산은 길고 길고 길은 멀고 멀다
사방으로 넌출넌출 끝 간 데를 모르겠다
그 누가 이 땅을 좁다 하느냐 이 산 위에 서 보라

나무도 가지가지 이파리 하 많고 많다
싸리 조리 참나무며 너울대는 억새 군락
무심히 이울어 지는 잎새 몇 번이나 더 그리할까

길 가다 지팡이 괴고 팔월 둥근 달을 쳐다본다
토끼는 방아 찧되 그리운 얼굴들 어디 가 있나
팔 벌려 멀리 이어진 능선 달빛 한 아름 껴안아 있고

발 앞이 환하구나 산길이 무섭잖다
길게 뽑는 내 노랫소리 그리움 반 서러움 반
휘영청 달빛 초원에 가득 귀또리 밤바다 물결 소리

승선교 달 비추니 물소리 자취 없다
희번덕이는 물낯은 선녀의 옷자락 빛인가
고요히 숨 쉬는 숲길 밤이 가고 날이 새고

서석대瑞石臺 기원

이는 그 장승들의 모임
없는 숨 몰아쉬는 문무관석의 회합인가

할아버지와 할머니, 말 없는 남편들과 부지런한 아내들
장성한 삼촌들과 시누이의 형상으로 살아나
촘촘히 어깨를 의지하여 하나가 된다
은밀한 대화를 몸짓으로 나누고
옆집 할매들 거기 곁붙어
슬픔과 괴로움을 함께 거들고……

아, 고난의 세월은 언제나 끝이 나고
파란 하늘 아래 풍성한 잔칫상을 올릴 수 있을까
덧없는 때의 흐름에 등이 다 휘어 가고
덮여 오는 안개비에 돌버섯만 느는 것을

그러나, 산야를 내려다보라
이 골 저 골이 하나같이 무등無等의 품에 안겨

거기 어린애 재롱재롱이
진달래 산천으로 피어나지 않는가
역사를 굽어보는 장승들의 기원 속에
무청처럼 푸르른 꿈이
푸르른 새날이 자라나고 있지 않는가

전라도 눈길
— 밤차에 시간은 달리고

1

눈 덮인 들녘
얼음 달빛이 차다

밭을 끼고 이어진
두승산 먼 능선 아래
달 그늘이 시리다

2

어둡고 차가운 저 땅속 외숙모님이 누워 계시겠지 움직임도 없이 눈도 떠보는 일이 없이, 그 깜깜한 어둠 속에 오직 형해形骸만이 시간을 헤겠지……

아, 늘 다니시던 저 길 옆으로 가꾸시던 돔부콩, 수수밭이 있고, 장 보아 머리에 이고 산모롱이 넘던 길을, 그때 사람들이 어깨에 목도 메어 상여로 나가던 일……

가슴이 울컥
밀물 차오른다

마당 볏가리 속에 참새 가족이 졸고 안방에선 잘잘잘 웃음꽃 피는데 "창호야, 말 좀 해 보아라. 말도 해야 느는 법이다, 잉?"— 그 걸걸한 정 깊은 말소리, 동갑내기 막내시누 그 막내아들 챙기시던 그 마디 굵은 목소리……

3
외가 마을 회관 앞
노오란 가로등불 허전한데

눈 덮인 들녘
유난히 둥그런 달무리
달빛 눈길에 차다
달 그늘 가슴에 시리다

강바람 들바람

바람 산들산들
나불대는 옷고름은
어느 고전의 아름다움인가
그때 선인들의 꽃숨결인가

설빔 입고 근친 가는 설렘일까 분홍 저고리 고동색 바지 위에 자색사 두루마기를, 명주 고운 목도리며 문양 좋은 가죽 신발 갖추어 너른 들길 강가로 길을 걷는다

(하지만, 뉘 보아 줄 이 있느냐! 사랑은 철없이 받을 때 가장 포근한 것)

어느 설날 어른이 되어 어머님 고모님 어느 한 분도 없는 세월 스스로 옷 한 벌 맞추어 입고 황토 땅 너른 들길 긴 강가로 빈 그림자 던지며 호올로 길을 걷는다 나그네길 길을 걷는다

강에는 강바람
들길엔 들바람

작품 해설

몸의 시학, 또는 참 평등의 길

김 재 홍
(문학평론가 · 현대시박물관장)

머리말

국어학자 이창호 교수, 그 이름은 사계에 널리 알려져 있지만 시인 이창호, 그 이름은 시단에서 비교적 생소하다. 그만큼 늦깎이 시인, 신진 시인이라는 뜻이 될 수도 있으리라.

그러나 그의 시는 결코 만만한 것이 아니다. 등단 후 처음 펴내는 이번 첫 시집『세상에서 가장 빛나는 거울』을 읽어 보면 우리는 금방 그 까닭을 알 수 있다. 이미 그의 시편들은 한 편 한 편이 충분히 농익어 있으며, 전체적으로 보아도 인체 탐구라는 하나의 목표를 향해 전개되는 집중성, 통일성, 일관성, 그리고 독창성과 논리 · 체계성의 넓이와 깊이를 확보함으로써 이미 한 세계를 이루고 있는 것으로 판단되기 때문이다.

그렇다! 그는 오랜 학창 생활과 짧지 않은 교수 생활 가운데 청소년 시절부터 꿈꾸어 오던 시의 길, 시인의 길을 인생의 후반인 50대 후반부터 착실히 또 확실하게 걸어감으로써 다시 새로운 인생, 창조적인 삶을 열어 가고 있다는 점에서 주목에 값하는 분이다. 종교학원인 삼육대학에 봉직하면서 생활 속에 깊이 뿌리내린 기독교 신앙에 의지하여 살아가는 신앙인의 또 다른 한편에서 자기 앞의 생을 주체적, 창조적으로 살아가기 위해 전심전력하며 예술가의 길을 함께 걸어가고자 분투하고 있는 것이다. 신앙인이자 국어학자 이창호 교수가 생의 후반기에 이르러 시인 · 예술가로서 새로운 길, 가지 않은 길을 걸어가기 시작한 것이다. 이에 그의 새 출발을 축하하고 격려하는 뜻에서 그의 시세계를 간략히 살펴보기로 한다.

1. 세상에서 가장 빛나는 거울, 얼굴, 그 운명의 표정성

이창호 시세계의 중심 화두는 인체 탐구, 즉 몸의 시학으로 집중된다. 그의 시편들은 인간이 살아가는 실체로서 몸에 대한 지속적이면서 집중적인 분석과 해석, 평가와 감상으로서 의미 부여를 시도하고 있기 때문이다.

먼저 얼굴을 노래하는 시를 보자.

사랑하기에 하나하나 그려 보고
존경하기에 마냥 우러러보는
그것 없이 어찌 당신을 마음에
가슴속에 품을 수 있을까요
프시케 그 어여쁜 공주도
남편 보고파 그만 촛불 켜들고 말았다는데
음성만으로 만짐만으로 어느 누구를
사랑할 수 있을까요

보이지 않는 것이 영원하다고,
중요한 것은 마음으로 본다고 말들 하지만
화장에 분장에 살과 뼈까지 성형하는 요즘 세상에서
아름다움은 내면에 있다는 말 곧이 들리겠나요
그것 없어지면 껍데기 벗는 것 같다는 말
내게 믿기겠나요

바람 같은 애증의 칼날, 그 마음 빛이
숨김없이 스쳐 지나는 영혼의 가장 빛나는 거울을
아, 당신의 모습 당신으로 인해 슬픈 나에게 보여 주세요
보이는 게 거짓이라 해도 모두 덧없는 것이라 해도
나의 애정 나의 자랑 드리울 당신의 참모습 보여 주세요
—「세상에서 가장 빛나는 거울 — 인체 탐구 18 · 얼굴」 전문

우리가 사람을 마주할 때 처음 보는 것은 얼굴이다. 얼굴은 첫인상을 결정짓는 최초의 기표이자 관문에 해당하기 때문이

다. 처음 던지는 사람에 대한 일별, 그것은 바로 얼굴에서 시작하며 거기에서 그 사람에 대한 호오好惡와 미추, 선악에 대한 일차적인 느낌 또는 판단이 결정되는 까닭에 얼굴은 그 무엇보다도 중요한 인상 판단의 첫 관건이 되기 마련이다.

신언서판身言書判이라는 옛말이 있지 않던가? 사람에 대한 평가와 판단은 얼굴, 즉 용모와 체격, 건강 같은 몸에서 시작되며 그만큼 얼굴은 한 사람 몸의 건강과 인상을 판단하는 데 결정적인 요인으로 작용한다는 뜻이 되겠다.

이 시가 먼저 강조하는 것이 그것이다. 얼굴은 한 사람을 느끼고 알 수 있게 해 주는 바로미터이며 관건이기에 그에 대한 올바른 평가와 의미 부여가 삶에서 얼마나 중요한지를 말하고자 하는 것이다. 그것은 얼굴 없이 몸이 성립될 수 없다는 평면적 의미에서 시작되어 결국 그에 대한 인상이 한평생 지속돼 가며 사후에도 오래 기억되는 요인으로 작용한다는 적극적인 의미 부여로 이어진다. 그러면서도 "중요한 것은 마음으로 본다고 말들 하지만/ 화장에 분장에 살과 뼈까지 성형하는 요즘 세상에서/ 아름다움은 내면에 있다는 말 곧이 들리겠나요"와 같이 풍자적으로 얼굴이 영혼의 가장 빛나는 거울이기에 중요한 것이지만 결국 인간의, 삶의 아름다움이란 그 두 가지, 즉 외면과 내면, 육신과 정신, 육체와 영혼의 조화와 균형에서 찾을 수 있고 또 찾아져야 한다는 통합적 인식을 제시하고 있다.

다시 말해서 얼굴은 '영혼의 가장 빛나는 거울'이기에 그것은 결국 나 또는 당신, 나아가서 인간의 한 참모습에 해당한다. 그러기에 얼굴을 통해서 자신의 참모습을 보고 싶고, 알고 싶고, 누리고 싶다는 열망을 반영하는 것이며, 나아가서 삶의 의미가 무엇이고 어떤 것이 가치 있고 보람 있는 삶인가 하는 질문을 제기함으로써 인체 탐구가 바로 인간 탐구이고 바람직한 삶의 길을 묻는 일에 다름 아님을 역설적으로 강조하고 있다는 뜻이다.

그러기에 얼굴은, 그 참모습을 발견하는 일은 슬픔인 동시에 기쁨이 되며, 거짓과 위선의 요소를 지니면서도 진실 쪽에 속한 것이고, 절망이면서도 희망이 될 수 있다. 그야말로 얼굴, 또 그것의 참모습을 발견하는 일은 어쩔 수 없는 운명의 표정을 읽어 내는 일이고, 자신을 참답게 바라볼 수 있게 하는 일에 해당한다. 그러면서도 진정한 인간의 아름다움이란 내면에 자리하는 것이며 바람직한 삶 역시 마음의 빛을 찾으며 살아가는 일이라는 분명한 인식을 보여주는 데 이 시의 의미가 놓인다. "보이는 게 거짓이라 해도 모두 덧없는 것이라 해도/ 나의 애정 나의 자랑 드리올 당신의 참 모습 보여 주세요"라는 시의 결구가 바로 그에 해당한다.

2. 인체 탐구, 또는 몸의 시학

시집에서는 인체에 대한 좀 더 적극적인 탐구를 집중적으로 전개하고 있어 관심을 환기한다. 몸을 이루는 각 구성 요소와 특징을 집중적으로 모색, 성찰함으로써 이른바 '몸의 시학' 형성에 대한 탐구를 진행하고 있는 것이다.

몸이란 무엇이던가? 그것은 호흡기와 순환기, 소화기와 생식기, 내분비계, 두뇌, 신경계 등 내장기관과 그를 둘러싼 외부로서 두부, 경추부, 흉부, 복부, 국부, 수족부, 피부, 모발, 뼈, 살, 피 등 모든 인체 구성 요소를 총체적으로 지시하는 말이 아니던가. 그러기에 그것은 생명을 의미하는 것이며 생명, 목숨의 실체를 지칭하는 것이 아닐 수 없다. 다시 말해 온갖 내장기관과 그를 둘러싼 외피, 골격 등을 말하는 총체적 개념이자 실체라는 뜻이다. 아울러 그것은 정신, 영혼이 담기는 그릇이며 삶의 실체이고 구체적인 형상이자 현상에 해당한다. 그러기에 그것은 그 자체가 하나의 소우주에 해당하며, 전 우주와 생명체의 축도이자 상징으로서 의미를 지니게 된다. 몸은 생체의 시작이며 과정이고 그 결과에 해당한다는 뜻이다.

> ① 어느 별에서/ 누가 쓰던 표주박 꼭지인가// (…중략…)// 누가 네게 물려주었더냐/ 결코 지울 수 없는// 깊은 동굴/ 인연의 슬픈 유적이여
>
> —「슬픈 유적 — 인체 탐구 19 · 배꼽」 부분

> ② 아가의 숨결 속에 스미는/ 고요한/ 살 내음// 온갖 과일 향, 목질 향/ 안식향 들고 나는/ 빰언덕에 우뚝 솟은/ 목숨의 상아 망루여
>
> —「상아 망루 — 인체 탐구 7 · 코」 전문

③ 그 판판한 것이 따스워야 배도 부르나니/ 누구 그것 없이 지내는 이 보았는가/ 허파나 간이야 더러 잘라 내고 무너져도/ 그것 떼어 낸 사람 있지 않느니// (…중략…)// 앞은 그저 허식일 수 있으나/ 뒤는 어떻게 꾸밀 수 없으니/ 그것은 누구에게나 숨김없는 진실인 것을

—「삶의 무게 — 인체 탐구 1 · 등」 부분

④ '살'이 있어 세상 모든 목숨들 '살다'라고 말하는 것 아닌가// 그러나/ 이젠 그것 다 어디 두고/ 한 점 마른 북어로 쓰러져 있는 네 모습인가/ 영원한 미라 소녀이여

—「미라 소녀를 위한 발라드 — 인체 탐구 2 · 살」 부분

⑤ 하늘하늘/ 봄바람 타고 춤추는 꽃잎하늘// 앵두꽃 위로 한 줄기 별빛 은하가 흐릅니다

—「앵두꽃잎 편지 — 인체 탐구 25 · 입술」 부분

⑥ 어느 누구 쉬 밟을 수 없는// 히말라야 흰 산마루 안나푸르나// 폭풍우 뇌성벽력/ 저 발아래 펼쳐 두고/ 머언 백악기白堊期 풍설에/ 소리 없이 단련된 천년 바위여

—「새벽빛 향하여 — 인체 탐구 21 · 이마」 전문

인용 시구들에는 몸의 여러 구성 요소들에 대한 생김새와 쓰임새 그리고 그 상징적 의미들이 다양하게 드러나 있어서 관심을 환기한다.

먼저 시 ①은 배꼽을 "어느 별에서/ 누가 쓰던 표주박인가" "깊은 동굴/ 인연의 슬픈 유적이여"와 같이 그 생김새와 내포적 의미, 상징성을 예리하고 섬세하게 묘파하고 있다. 특히

"인연의 슬픈 유적"이라고 집약함으로써 배꼽을 남녀관계, 유전적인 몸의 형질을 대변한 것으로 파악한 것은 적절한 것이 아닐 수 없다.

시 ②에서는 코의 쓰임새와 생김새, 즉 기능과 형상을 묘파한다. 코는 냄새를 맡는 후각 기능을 수행하기에 아가의 살 내음부터 각양각색의 향내까지 맡아 뇌에 전달한다. 그것은 "뺨 언덕에 우뚝 솟은/ 목숨의 상아 망루"로 묘사됨으로써 그 생김새로서 형상성을 확보하기도 하는 것이다.

시 ③에서는 등(짝)을 통해 별로 주목되지는 않으나 몸의 중요한 뼈대를 이루는 구성 요소들에 착목한다. 특히 여기에서 앞과 함께 뒤, 즉 표면과 이면, 겉과 속을 함께 볼 때 몸의 의미가 비로소 완성될 수 있음을 강조한 것은 유의미한 일이다.

시 ④에서는 소년 미라의 모습을 통해서 삶이 바로 살, 즉 '살다'에서 유래된 것임을 강조한다. 즉 생명, 목숨이 바로 살에서 구체화되고 감각화됨으로써 삶을 이루어 간다는 뜻이 담겨 있는 것이라 하겠다. 삶이란 결국 살을 찌우고, 살 비비며, 살을 껴안는 살의 과정이라는 감각적, 관능적 인식을 드러내기도 한다.

시 ⑤는 입술을 '꽃잎하늘' '앵두꽃' '별빛 은하'로 미화함으로써 그것이 몸의 안과 밖을 함께 포괄하는 것으로서 관능성을 내포하고 있음을 암시한다.

아울러 시 ⑥은 이마를 "어느 누구 쉬 밟을 수 없는// 히말라야 흰 산마루 안나푸르나" "머언 백악기 풍설에/ 소리 없이 단련된 천년 바위"로 형상하여 몸이 기능적인 것과 함께 상징성에 비중이 놓이기도 한다는 점을 예시해 준다.

이렇게 이 시집은 인체의 각 부위와 구성 요소들의 생김새와 쓰임새를 하나하나 탐구하면서 그것들의 생체적 기능과 역할, 그리고 상징적 의미와 미학적 의미의 연관성을 함께 성찰하고 있음을 알 수 있다. 결국 생체, 몸의 탐구가 바로 인간 탐구이자 자연 탐구이고 사회 탐구이면서 역사 · 우주 탐구를 향한 시금석을 놓는 일이며, 나아가서 각 인체의 구성 요소들이 서로 공존하는 것처럼 사회 · 역사 · 우주 · 자연도 그러한 공존과 상생, 협동의 원리와 이치 속에서 전개돼 간다는 점을 암시한다는 점에서 이 작업이 의미를 지닌다고 하겠다.

3. 위장의 노고, 내 몸 안 노동자들의 소중함이여

시집에서는 먼저 인체의 중요 부위, 특히 중추기능을 담당하는 내장기관들에 관심을 기울인다. 소화기능을 담당하는 위장에 대한 탐구가 그것이다.

① 빨강 노랑 초록 자주
색깔 좋고 맛 향 나는 것들
얼마나 산을 이루고 강을 이루어
내 안을 훑어갔을까
십 년도 길건만
그 네 곱절 다섯 곱절을

레미콘 몇백 몇천 대분分이나 될까
그래요, 당신의 영혼 쓰러져 잠들어 있을 때
저 땅끝 깊은 지하갱도 속에서
스미는 달빛 아래 주물럭주물럭
알고 보면 지척의 거리 그 아래서 혼자 밤 지새우며
오물락조물락 쥐락펴락하면서

단 한 번 단 한 번만이라도
사랑한다, 고맙다
사알짝 내 귀에 속삭여 줄 수 없나요

—「단 한 번만이라도 — 인체 탐구 13 · 위 2」 전문

② 세상에 너만한 충복 또 어디 있단 말인가
하늘에 해 하나 달 하나 내 의지하던 바위 장군 그대뿐이더니
궁핍하던 시절 주린 배 우는 배 움켜잡고
소화력 청룡언월도 삼고 작은 식도 포졸들로 앞장세워
전국 방방곡곡 아니 세계 밖까지 누비며
크고 작은 뭇 상대들 보란 듯이 복종케 하더니만
먼바다 다랑어 상어 악어며 갓바다 백합 굴 대게
그리고 산중의 송이 산삼 웅담에 녹혈
들녘의 한우 꽃등심에 보들보들 삼겹살 모두 다 복속시키더니만
어느 날 그래 뜬금없이 붉은 상처 속 용종인가 뭣인가
붉은 덩어리 이렇게 열꽃을 피우며 네게 대항할 줄이야
네 속에서 이렇게 반역하여 일어설 줄이야
아무리 대적은 내 안에 있다고 말들 하지만
네 잡아 온 식물들을 함께 나누던 자에게 이렇게 무참

히 당할 줄이야
바로 내 안에 있는 너, 너의 소리 없는 고초
상처 딱지 지는 아픔을 내 그리도 몰랐던가
그 쓰러짐이 너무도 무력하고 그 눈감음이 너무 비통하도다
충직강의 용맹무쌍 선무공신 대광보신 숭록대부 대덕위 장군이여
어둠 깜깜한 주검 앞에 한 가닥 연기만 나풀거릴 뿐이니
오호 애재 오호 통재라

—「선무공신 위 장군을 조상하다 — 인체 탐구 12 · 위 1」 전문

다 알다시피 위장은 몸 안에 들어온 음식물을 뭉뚱그려 소화시킴으로써 생체에 에너지를 공급하는 소화기의 대표 격인 장기이다. 식도와 장 사이에서 각종 위액을 분비하여 음식물을 삭이고 산성화하여 에너지로 활성화하는 작용을 수행하는 중요 장기인 것이다. 그런데도 우리는 위장의 역할과 중요성을 제대로 인식하고 그에 대해 감사의 마음을 갖고 살아가는가? 몸의 원활한 기능을 수행하기 위해 위장은 말 그대로 밤낮없이 수십 년 동안 "당신의 영혼 쓰러져 잠들어 있을 때/ 저 땅끝 깊은 지하갱도 속에서" "레미콘 몇백 몇천 대분"을 소화시켜 에너지로 바꾸는 일을 수행해 온 우리 목숨의 말 없는 평생 충복인 것이다. 그런데도 그에 무감각, 무신경하여 "단 한 번 단 한 번만이라도/ 사랑한다, 고맙다/ 사알짝 내 귀에 속삭여 줄 수 없나요" 에서 보듯이 우리는 그러한 충복을 홀대하고 부려먹기만 하는 것이다. 말하자면 우리 몸 안의 충

복 노동자로서 위장을 새로 발견하고 재인식함으로써 신외무물身外無物, 즉 몸의 중요성을 강조하고 있는 것이다. 위가 기능을 상실하면 결국 생명도 끝난다는 엄중한 경고의 의미도 담고 있다고 하겠다.

무엇보다도 몸을 위해 밤낮 쉴 새 없이 수고하는 위장의 모습을 통해서 사회 어디에선가 잊힌 가운데 자신의 본분을 다하기 위해 묵묵히 헌신하는 사람들에 대한 감사와 외경심을 제시한 데서 이 위장 시들의 의미와 중요성이 드러난다고 하겠다. 거듭 말해서 인체 작용, 내장기관들의 공존 · 상생하는 몸의 모습을 원용하여 그대로 사회 구성체와 그 운행 원리를 단적으로 암시하고 제시한다는 점에 인체 시, 몸 시의 중요성이 놓인다.

4. 몸 안의 보물창고, 화학 공장 간의 시학

위장과 함께 간장도 소화기능에서 중추적인 역할을 수행한다.

> 결코 안 되지, 안 되고말고
> 독수리 날카로운 발톱 앞에 빼앗겨서는
> 또 용왕님이 원한다고 쉬 내놓아서는
> 혹 날 낳아 준 부모님이라면 몰라도
> 정말 아무에게 나누어 줄 수도 없는
> 소중한 생약 덩어리

내 안의 보물창고,
내 최후의 재산인 것을

가슴속 깊이 네 든든히 자리 잡고 있으면
내 힘 내 용기 한껏 하늘 가운데 솟고
세상의 무서운 것들 다 발아래 무릎 꿇지 않느냐
한 생애 힘 좋게 살아 볼 배짱이 일어나는 곳
우리 함께 오래오래 살아 보자꾸나
내 안의
가장 은밀한 곳 보물창고야

—「나의 보물창고— 인체 탐구 14 · 간」 전문

간, 간장이란 무엇이던가? 생물학적으로 말해서 그것은 횡경막 아래에 있어 위를 반쯤 덮은 적갈색 소화선으로서 담즙의 분비, 양분의 저장소 역할을 하며 해독 작용, 글리코겐 생성 등의 기능을 수행하는 주요 장기가 아니던가. 그만큼 인체에서 필수불가결한 기능과 역할을 수행하기에 예부터 간은 생명 유지와 건강 증진에 필수적인 장기이자 나아가서 인간 생활에서 자존심과 긍지의 핵심 상징으로 작용해 왔다. 우리 고전 『별주부전』이나 서양 프로메테우스 신화에서 그것이 실제적, 상징적으로 사용된 바 있음은 두말할 필요가 없으리라. "결코 안 되지, 안 되고말고/ 독수리 날카로운 발톱 앞에 빼앗겨서는/ 또 용왕님이 원한다고 쉬 내놓아서는"이라는 시구가 바로 그 예에 해당한다.

간은 시인에게뿐만 아니라 모든 인간, 인류에게 몸 안의 생약 덩어리일 뿐 아니라 화학공장, 보물창고에 해당한다. 그러기에 간은 "가슴속 깊이 네 든든히 자리 잡고 있으면/ 내 힘 내 용기 한껏 하늘 가운데 솟고/ 세상의 무서운 것들 다 발아래 무릎 꿇지 않느냐/ 한 생애 힘 좋게 살아 볼 배짱이 일어나는 곳"과 같이 생명력의 원천이자 근본으로서 의미를 지닌다.

따라서 간은 인간의 소화 장기 가운데 가장 크고 생명과 밀접한 관계가 있으므로 생명의 핵심 또는 생명의 정수라는 상징성을 갖는다. 그러나 그것이 문학적으로 더 중요한 것은 간이 인간적 존엄성과 자존심의 표상이면서 동시에 고통의 핵심 상징이 된다는 점이다. 결국 간은 육신의 핵심이면서 동시에 정신을 상징한다는 점에서 생물학적으로나 문학적인 면에서 '간의 시학' 이 그 중요성을 확보할 수밖에 없음이 자명하다.

5. 심장부, 세상을 움직이는 근본 동력

한편 소화 장기뿐만 아니라 호흡, 순환기관 등도 생명 형성과 유지에 필수불가결한 요소이기에 심장, 허파 등에까지도 시의 영역을 확대·심화하여 그야말로 인체 탐구의 다양성과 진면목을 최대한 보여 주려 노력하고 있는 점이 관심을 환기한다.

누구의 괴력일까
우심방 번갯불 힘

살짝살짝 스타카토로 일으키는 저 불꽃 힘은

보이지 않는 그 힘이
세상을 움켰다 펴고 다시 움켜쥘 때
저 하늘 태양길 쉬임 없는 그 길 따라
올림피아 마라토너의 가쁜 숨이나
빙판氷板 위 춤추는 종달새 소녀의 미소로
지구 끝 저 너머를 갔다 오고 또 갔다 오겠지
그 고동치는 피 물결

하루 몇천 번 몇만 번일까
발끝 눈 끝 그 어느 오지까지도
맥박은 꼼틀꼼틀 끊일 듯 이어져 가고
고운 꿈결인 듯 정결한 꽃사랑인 듯
도란도란 여울져 흐르는 아름다운 노래
생명의 노래여

—「태양길 따라 — 인체 탐구 26 · 심장」 전문

심장이란 또 무엇이던가? 생물학적인 면에서 그것은 흔히 염통이란 이름으로 불리면서 온몸의 혈관과 혈액을 모으고 동맥 · 정맥에 골고루 분배하는 등 관리 · 통제함으로써 생명을 유지 · 지속시키는 핵심 순환 장기이다. 그러기에 허파와 더불어 심장은 생과 사를 결정짓는 핵심 장기로 작용하면서 한편으론 마음의 속내, 즉 온갖 감정이 우러나는 마음의 속자리로서 생명의 중심 또는 생명력의 관건으로서 의미와 위치를 지닌다. 그만큼 생존과 생명, 생활뿐만 아니라 상징성에서도 절실, 긴요한 필수 요소에 해당한다는 뜻이 되겠다.

따라서 이 시에서 심장 활동 그것은 태양이 가는 길, 즉 황도黃道로서 표상된다. 그만큼 생명의 근본이자 원동력이고 핵심으로서 중추작용을 수행한다는 의미가 되리라. 말 그대로 "보이지 않는 그 힘이/ 세상을 움켰다 펴고 다시 움켜쥘 때/ 저 하늘 태양 길 쉬임 없는 그 길 따라/ (…중략…)/ 그 고동치는 피 물결"과 같이 심장은 모든 신체의 혈행과 그에 따른 호흡 · 순환작용을 지배하면서 생명의 키로서 존재하는 것이다.

그러면서도 심장은 "하루 몇천 번 몇만 번일까/ 발끝 눈 끝 그 어느 오지까지도/ 맥박은 꼼틀꼼틀 끊일 듯 이어져 가고/ 고운 꿈결인 듯 정갈한 꽃사랑인 듯/ 도란도란 어울져 흐르는 아름다운 노래/ 생명의 노래"와 같이 생명의 노래이면서도 사랑의 노래, 환희의 송가로서 살아 있는 영광과 기쁨을 표상하기도 한다.

이 점에서 심장은 폐장, 위장, 간장과 마찬가지로 몸과 마음, 즉 신체 작용과 심리 작용에 불가분의 상태로 연결된다는 점을 발견할 수 있다. 그것은 생명의 중추이기도 하지만 동시에 온갖 마음을 일어나고 움직이게 하는 정신 작용에도 깊이 관여하고 있음을 알게 된다는 뜻이다. 그것은 단지 유물론도 아니고 유심론만도 아니다. 바로 인간의 생명과 삶이란 그러한 몸과 마음의 불가분리, 즉 상호협동과 균형, 조화 속에서 유지되고 성장 · 발전해 갈 수 있음을 확인할 수 있다는 말이 되겠다.

그러한 장기들은 몸의 중추 · 생명력의 근본 추동력으로 작용할 뿐 아니라 마음의 운행과 질서에도 직 · 간접으로 작용하고 영향을 미침으로써 생명이 유지되는 한, 몸과 마음이 서로 함께 갈 수밖에 없다는, 함께 더불어 가야만 한다는 근본 원리와 법칙을 말해주는 것이 된다.

이 점에서 이 시집에는 시인이 단지 인체의 장기 그 자체를 말하고자 함이 아니라, 나아가서 인간 육신의 원리와 함께 정신의 내면세계도 탐구하고자 하는 속 깊은 의도가 담겨 있음을 우리는 확인할 수 있다.

6. 소외된 것들의 가치화, 작은창자와 후두덮개

시인은 주요 장기뿐만 아니라 우리가 얼핏 보기에 그다지 중요해 보이지 않는, 그러면서도 묵묵히 자기 자리를 지키며 소중한 임무를 수행하는 인체 각 요소들, 예컨대 쓸개, 담낭, 큰창자, 작은창자 그리고 후두덮개, 직장, 항문에까지 섬세한 배려를 보여 주어 관심을 환기한다.

여보시오 벗님네들 내 말 좀 들어 보시오
아— 나 벗님네 말 들으시오
대장부 빛난 위세 항우장사 저 뱃살 보는가
뱃구리 튼튼해야 큰 힘 거기 나오잖는가

이 일 저 일 중하다 하나 우리 일이 근본이라

우리 비록 고생해도 열심히 일들 하면
부모처자 잘 봉양하고 몸 성히 호강하니
이 아니 천복天福이런가

가세 가세 구절양장 삼십 린가 육십 린가
왼쪽으로 구불구불 오른쪽으로 꼬부랑꼬부랑
급한 고개 험한 고개 아랫길 내려가다
가운뎃길 왔다 갔다 직장直腸 그 앞길서 다시 돌고

먼 나그네길 다시 에돌 적에 좋은 영양분
한 톨 놓치지 마세 일할 일꾼 더 청해 보세
에헤로 에헤로 얼럴럴 상사뒤여
에헤로 에헤로 얼럴럴 상사뒤여

여보시오 벗님네들 내 말 들어 보시오
아—나 벗님네 말 들으시오
자주 쓰면 지력地力도 쇠하는 법 하루 네 번은 힘드나니
어둡고 험한 길 너무 자주는 가라 마오
에헤로 에헤로 얼럴럴 상사뒤여
상사—뒤—여— 상사—뒤—여—

—「자진모리 농부가—인체 탐구 15 · 작은창자」 전문

우리의 고전민요 가락까지 차용하는 멋스러움과 홍취를 보여 주는 이 작품은 무명의 농부를 작은창자에 비유함으로써 시인의 정신이 그야말로 민중적 상상력에 뿌리내려 있음을 잘 말해 준다. "어둡고 험한 길 너무 자주는 가라 마오/ 에헤로 에헤로 얼럴럴 상사뒤여/ 상사—뒤—여—상사—뒤—

여— "라는 민요가락의 조홍구 또는 여음을 활용하여 온갖 불평등과 모순, 부조리 속을 살아가면서도 그러한 역사의 어둠과 개인적 수난을 이겨 나아가는 농민들의 뿌리를 들여다봄으로써 민중적 생명력이 이 땅의 험난한 역사와 삶을 이겨내고 이끌어 온 원동력이자 추동력으로 작용해 왔음을 강조하고 있는 것이다. 이러한 소외된 장기 또는 잘 알려지지 않은 인체기관들에 대한 응시와 탐구는 주변부의 중심부화, 즉 소외의 가치화를 추구한다는 점에서 소중한 의미를 지닌다.

아세요?
행여 잘못 여닫을까
파르르 떠는
어둠 속 살 한 점의 비밀을

흔들리는 목숨의 두 길 사이에서 뭉툭한 것 들어오면 순간 셔터 내리고 허허로이 허전하면 다시 올려 드는, 아무도 모르는 이 어둡고 은밀한 삶의 노역장, 소리 없는 평생의 이 노동 이 수고 당신은 아세요?

당신이 깊은 고뇌로 또 분노로 헉헉거릴 때, 즐거움에 깔깔대고 소리 높여 노래 부를 때, 텁텁한 오솔길 가다 가다 침 내려 삼킬 때, 오르내리는 가슴 숨결 작은 음식상 청할 때, 밥길 열고 숨길 닫으며 목젖 저 아래 그 외로운 어둠 빛 길목에서 한 치의 착오 없이, 한 번의 실수 없이 열었다 다시 닫고 닫았다 다시 열며, 동트는 산마루에서 해 지는 바닷가까지 하루에도 고달픈 그 긴 길 혼자 걷는다

숨길 따라 밥길 따라 갈마드는 두 목숨 길
가쁘게 바쁘게 저울질하며 소리 없이 움직이는
당신의 가녀린 한 몸종
가장 소중한 곳 침묵으로 놓인
저 아스라한 목숨의 철길 변환기變換機

—「목숨의 두 길 사이에서—인체 탐구 16 · 후두덮개」 전문

후두덮개란 또 무엇이던가? 후두란 폐로 호흡하는 척추동물에서 기도와 식도 또는 발성기관을 번갈아 갈마들며 호흡과 음식물의 여닫이를 조절하는 관문을 말하는 게 아니던가. 그러기에 그것이 잘못되면 치명적인 목숨의 위기 또는 생명의 기로에 처할 수밖에 없다. 그런데도 숨길의 통로이자 관문인 후두덮개를 알고 그것을 소중하게 생각하는 사람이 그 얼마나 될 것인가? "숨길 따라 밥길 따라 갈마드는 두 목숨 길/ 가쁘게 바쁘게 저울질하며 소리 없이 움직이는/ 당신의 가녀린 한 몸종/ 가장 소중한 곳 침묵으로 놓인/ 저 아스라한 목숨의 철길 변환기"라는 이 시의 결구에서는 이 후두덮개처럼 신체의 주요 기능을 수행하면서도 소외된 기관 하나에도 섬세하고 애정 어린 눈길을 보내고 있는 시인의 착하고 섬세하며 아름다운 시심을 읽을 수 있다. 이른바 주변부의 중심부화, 또는 소외의 가치화를 통해서 모든 생명들이 더불어 소중한 것이며 나아가서 모든 존재가 서로 평등하다는 만물평등사상 또는 만물존중사상을 담고 있다는 점에서 이 시편들은 주목에 값하는 것들이라 하겠다.

이들뿐만 아니라 시집에서는 등, 살, 눈, 귀, 코, 입, 목, 턱,

발 등 한 글자 기관과 장기 및 얼굴, 허리, 어깨, 고개, 다리, 손금 등 두 글자 기관, 그리고 손바닥, 엉덩이, 볼우물, 어금니 등 세 글자 기관, 머리카락, 후두덮개, 작은창자 등 네 글자 어휘에 이르기까지 다양하고 섬세하게 관심과 배려를 기울이고 있다는 점에서 시인의 평등정신 또는 소외의 가치화로서 시인 정신을 잘 엿볼 수 있음은 물론이다.

7. 손 · 발의 시학, 문명 · 문화의 개척자이자 실천자

끝으로 시집에는 이른바 공기나 물처럼 일상적이고 흔한 것들이어서 미처 그 소중한 의미와 가치를 제대로 인식하고 있지 못한 것들에 대한 관심과 애정도 지속적으로 드러난다.

너는 시간도 잊은 채 무얼 그리 매만지고 있는가
높이 흔들리는 이마, 맺히는 땀방울
금金으로 변한다 한 줄기 미소 번진다

잠자리 날개옷의 하이힐이 금빛 벤츠 내려서고
싱싱한 도미찜에 붉은 루주 묻어 배면
카푸치노 향 국화문菊花紋 위로 미뉴에트가 감돈다

이백억이면 한번 태워 주는
뚝딱뚝딱 우주선 만들어 날리는 너의 꿈이여

그 꿈틀거리는 욕망

파내고 두드리고 붙잡고 휘젓고 싸움은
누구의 재능, 누구의 힘 벗 삼음인가
그 불길처럼 쥐었다 펴 빚어내는
너의 재능의 끝은 과연 어디인가

—「욕망의 벗—인체 탐구 4 · 손」 전문

나는 참으로 비천합니다
집 안에서 가장 낮은 행랑채에 거합니다
나는 주인의 명령이 힘들지만 반갑습니다
주인이 말씀하시면 나는 곧장 일어나 걷습니다
나의 행동에 주인은 미더워 콧노래를 부르시지요

나는 고귀하게 걸음을 옮깁니다
거친 산이나 뜨거운 모래밭
눈보라 혹독한 북극 남극을
나는 걷고 걸으며 늘 자취를 남깁니다
나로 인해 새로운 길이 나고 지도가 그려집니다
달에도 화성에도 거꾸로 걸어가 점을 찍습니다

나는 항상 주인에게 순종합니다
스무남은 나의 뼛조각, 신비로운 나의 운송력
허나 나를 칠십 킬로 화물의 짐꾼으로만 여기진 마십시오
무대 위, 혹 그라운드 위 내 주인에겐
눈물로 새긴 최고의 걸작이기 때문입니다

—「가장 비천한 자의 노래—인체 탐구 3 · 발」 전문

손이란 무엇이고 발이란 무엇인가? 한마디로 손은 모든 문

명기기와 문화자산을 만드는 실제적, 구체적인 도구이며 발이란 인체의 가장 낮은 곳에 자리하면서도 몸을 움직여 무언가 개척하고 앞으로 나아가게 하는 이동력, 추동력의 실체로서 작용하는 게 아니던가? 인류가 만물의 영장으로서 지금의 지위를 누리게 된 것도 실상은 두뇌의 기능에서 비롯된 것이긴 하지만 그것을 실천하게 만든 구체적 실천적인 힘은 바로 정교한 손의 작용과 힘찬 발의 동력에 기인한 것임을 부정할 사람은 아무도 없을 것이 분명하다.

말하자면 손과 발은 신체의 가장 구체적인 직접적 활동 수단이면서 동시에 이동 수단, 운송력을 포괄함으로써 인류 문명 · 문화 개척사에서 선봉과 마무리 역할을 다해 온 것이 분명하다. 아울러 그것은 모든 생활 분야뿐만 아니라 스포츠, 예술, 과학기술, 의료 행위에서 기호 수단이자 성공 · 실패의 관건이 되기도 한다는 점에서 중요성을 지닌다. 그야말로 가장 말단에 위치하고, 미천해 보이는 곳에 존재하면서도 손 · 발은 인류생활과 역사 · 문화 발전의 필수불가결한 구성 요소로서 위치하고 기능을 발휘한다는 뜻이다.

맺음말

이렇게 본다면 우리는 이창호의 시편들이 한마디로 몸의 시학으로서 하나의 체계와 논리를 형성하고 지향해 가고 있음을 알 수 있다.

인체의 모든 기관들이 공존 · 생성 · 협동해야 비로소 인간의 삶과 행위가 온전하고 바람직해진다는 사실을 통해서 결국은 우리의 사회와 역사 또한 그렇게 모든 구성원들이 맡은 자리에서 최선을 다해 일함으로써 공존 · 상생해 나아가야 한다는 크신 조물주의 섭리와 사회 · 역사 · 우주 운행의 원리를 깨닫고 체득하고자 하는 열린 정신을 담고 있는 것으로 해석된다.

아울러 소우주로서 몸, 육신의 소중함과 더불어 그것이 정신 · 영혼과 더불어 존재하면서 상호 유기적인 균형과 조화를 이룰 때 원활한 생명과 삶이 유지될 수 있음을 강조함으로써 바람직한 생명의 길, 가치 있는 삶의 길을 제시하고 있는 것으로 이해된다. 그것은 대립이나 갈등, 분리가 아니라 통합 · 융합, 극복 · 지양으로써 생명의 온전한 실현과 함께 이상적인 정신세계를 열어 갈 수 있음을 말해준다.

이렇게 본다면 이 시집은 육체 · 육신으로서 몸의 역할과 의미를 재발견하고 재인식함으로써 정신과 육체의 행복한 조화를 이루어 내면서 바람직한 삶의 길, 가치 있는 삶의 길, 보람 있는 시의 길을 열어 가고자 하는 열린 정신을 반영하는 그 첫 출발로서 의미를 지니는 것이 분명하다.

아울러 드러나는 것과 드러나지 않는 것, 커 보이는 것과 작아 보이는 것, 소문난 것과 숨어 있는 것과 같은 모든 유 · 무명 여부, 상하귀천을 떠나서 생명 앞에서 모든 존재는 평등하며 또 평등해야 한다는 발견의 시학, 깨침의 시학으로서 앞으로 몸시학의 가능성을 예견케 해 준다는 점에서 우리는 그의 시적 행보를 주목할 필요가 있으리라 본다.

이제 이창호의 시는 출발점에 서 있다. 그러기에 아직 부족한 것이 많은 것은 그만큼 희망적이라는 뜻이 될 것이다. 이제 시인은 좀 더 넓고 깊이 있게 인체를 탐구하면서 겉과 속의 진실, 전체와 부분의 진실, 그리고 시작과 중간과 끝의 진실이 어떻게 정합성을 이루면서 균형과 조화를 성취해 나아갈 것인지를 본격적으로 고뇌하면서 좀 더 체계적이고 집중적인 인체 탐구, 몸의 시학을 펼쳐 나아가야 할 것이다.

시인의 문운과 발전을 기대하면서 끝없는 프로메테우스의 기상과 자세로 정진해 나아갈 것을 희망한다.